18歳から考える ワークルール

[第3版]

道幸哲也・加藤智章・國武英生 編
Doko Tetsunari, Kato Tomoyuki & Kunitake Hideo

法律文化社

はしがき

　法律文化社の「18歳から」シリーズは、大学新入生を対象に、高校までの"勉強"とはひと味違う"学問"のおもしろさを感じてもらう入門書として位置づけられています。

　また、本書『18歳から考えるワークルール』には入門書という性格に加え、実践的に役に立つ情報や知識を提供しようというねらいを込めています。それは、私たちが生きていくために、働くことは不可欠の活動だからです。学生時代にアルバイトを経験していなくとも、大学を卒業する段階でほとんどの学生が就職することになるでしょう。

　どのように働くかは、人によって様々ですし、雇用のあり方も身分の安定している正規雇用と、期間を限定して雇われるなど不安定な立場で採用される不安定雇用とに二分されます。雇用者のうち、非正規雇用は40％前後を占め、特に若年層で非正規雇用の割合が高くなっています。また、正規雇用だからといって、必ずしも労働条件が良好だとは限りません。転勤の可能性が高く、労働時間も長時間となりがちです。仕事のストレスでうつ病になることもめずらしくありません。

　このように、学生時代のアルバイトも含めると、老齢年金で生活するようになる（？）65歳までのほぼ40年間、私たちはワークルールと密接に関係することになります。そこで本書では、働くことを次の5つのフェーズに分けました。Ⅰ仕事をはじめる、Ⅱ働く、Ⅲ働き続ける、Ⅳ仕事をやめる、そしてⅤ職場のトラブル、です。本書はこれらのフェーズをさらに細分化して、それらに関連するワークルールの解説を試みています。

　本書で扱っているワークルールは、アルバイトや非正規雇用だけでなく、正社員にも関係するものです。したがって、学生時代のアルバイトだけでなく、就職活動にも関係しますし、正社員になってからも、あなたが疑問に思ったことに対する解決に向けた考え方を示しています。この意味で、本書は大学を卒業して就職した後にも役に立つことを願って編集しました。

　なお、各章の理解度チェックを設けています。章末のQRコードからアクセスし、チャレンジしてみてください。

　2018年1月に出版した本書第2版から、約6年半を経て第3版を刊行することができました。第3版では、2018年の働き方改革関連法をはじめとした法改正を反映するとともに、時代の変化にあわせて高齢者・障害者・外国人雇用に関するワークルールを解説する8章を新たに加えました。

　2022年の冬から編者3人で協議しながら改訂作業を進めていましたが、残念ながら2023年8月20日に道幸哲也先生が逝去されました。改訂作業の道半ばの突然のことであり、改訂にも関与されていましたので、道幸哲也先生を編者として記載しています。

　本書初版・第2版の編集については、企画段階から、小西英央さんに大変お世話になりました。また、第3版の刊行にあたっては舟木和久さんにお世話になりました。ここに、あらためてお礼を申しあげます。

編者　道幸哲也・加藤智章・國武英生

目　次

はしがき

プロローグ　働くことを考える……………………………………………………………道幸哲也　**2**
　　　　　　▶ワークルールを学ぶまえに
　　1　雇用や職場をめぐる状況／2　働くことを考える／3　ワークルールの実現／4　本書の使い方

第Ⅰ部　仕事をはじめる

1　仕事をはじめるときに気をつけることは？……………………………………國武英生　**8**
　　1　なぜ労働法は必要なの？／2　アルバイトにも労働法は適用されるの？／3　自分の労働条件を知るには？／4　労働条件が事前の話と違ったら？

2　内定したのに働けない !?……………………………………………………………迫田宏治　**14**
　　1　企業は、面接でどんなことを聞いてもいいの？／2　内定って、そんなに簡単に取り消していいの？／3　内々定をもらっていても、意味がないの？／4　本採用するかしないかは、企業の自由なの？

3　労働条件はどのように決まるの？…………………………………………………松田朋彦　**20**
　　1　労働条件の決定に関するルール／2　労働契約とは？／3　強行法規による修正／4　就業規則による修正／5　労働協約による修正／6　労働契約・強行法規・就業規則・労働協約の相互関係

コラム　　ブラックバイトとワークルール………………………………………………國武英生　**26**

第Ⅱ部　労働条件…働くときのルール

4　賃金のルールってどうなってるの？………………………………………………開本英幸　**28**
　　1　賃金の支払いは法律で保護されているの？／2　賃金の支払方法にはどのようなルールがあるの？／3　賃金から何のために天引きされるの？／4　ボーナスや退職金って必ずもらえるの？／5　会社が休業したときに賃金がもらえる !?／6　同一労働同一賃金って何？

5　バイト時間が長すぎる !?………………………………………………………………淺野高宏　**34**
　　1　労働時間規制の基本枠組みはどうなっている？／2　どこまでが労働時間なの？／3　時間外・休日労働と割増賃金の関係はどうなっているの？／4　管理監督者に対する労働時間の取扱いは通常の場合と異なるの？

6　ワーク・ライフ・バランスって何？ ────────────大石　玄　40

　　1　高度経済成長期のライフスタイル／2　高度成長期型モデルの変容 ／3　ワーク・ライフ・バランスの登場 ／4　〈休み方〉から考えるワーク・ライフ・バランス／5　働き方の多様化とワーク・ライフ・バランス

7　労働条件って一方的に変更されていいの？ ─────────山田　哲　46

　　1　労働条件の変更と業務命令権の行使 ／2　賃金の減額ができるのはどんなとき？／3　配置転換ができるのはどんなとき？

8　一緒に働く人たちのワークルールを知ってる？ ───────北岡大介　52
　　▶高齢者・障害者・外国人雇用

　　1　少子高齢化と多種多様な労働者とは？／2　定年後再雇用時に処遇が下がるのは当たり前？／3　障害者雇用における合理的配慮とは？／4　何故、留学生アルバイトの所定労働時間が週28時間以内なの？

| コラム | 労働時間規制は何のため？ ─────────淺野高宏　58 |

第Ⅲ部　職場の環境…働き続けるためのルール

9　職場で何をするとマズいの？ ─────────────平澤卓人　60
　　▶労働者の労働契約上の義務と懲戒権の行使

　　1　使用者と労働者はどんな義務を負うの？／2　どんな場合に損害賠償を請求されるの？／3　懲戒について

10　職場でセクハラやいじめにあったら？ ──────────上田絵理　66

　　1　職場でのセクハラ・いじめは多いの？／2　セクハラとはどういったものを指すの？／3　なぜ職場でセクハラが起きるの？／4　パワハラとはどういったものを指すの？／5　なぜ職場でパワハラが起きるの？／6　セクハラ、パワハラの加害者、会社はどのような責任を負うの？／7　被害者を救済するにはどんな方法が考えられるの？／8　被害にあった労働者が相談や裁判をする前にすべき準備とは？

11　仕事をしてうつ病になったら？ ───────────加藤智章　72

　　1　業務災害とは？／2　業務災害と私傷病の違いは？／3　どこに業務災害の申請をするの？／4　業務災害はどのように判定されるの？…業務上・外の認定 ／5　心理的負荷による精神障害の認定基準 ／6　会社に対して損害賠償を請求できるの？…労災民訴 ／7　病気休職制度とは？／8　職場復帰をするには？／9　予防することはできる？

12 仕事をしながら子どもを育てるには？ ……………………………………所 浩代 78

  1 仕事と育児の両立は難しい？／2 妊婦の健康を守るために求められる対応とは？／3 出産と育児を理由にどのくらい休めるの？／4 出産後には、どのような支援が受けられるの？／5 各種休暇・休業その他の支援措置の利用と不利益取扱い

コラム ブラック企業からお金の支払いを請求されたら ……………………平澤卓人 84

第Ⅳ部 仕事をやめる

13 やめてくれと言われたら？ ……………………………………………斉藤善久 86

  1 「やめてくれ」って、どういう意味？／2 法律による解雇の禁止／3 解雇の手続／4 解雇権の濫用／5 整理解雇の4要件／6 退職歓奨／7 退職の意思表示の無効・取り消し

14 会社から契約を更新しないと言われたら？ …………………………戸谷義治 92

  1 雇用契約の期間設定／2 有期雇用契約に対する法規制／3 雇止め法理／4 有期契約労働者と整理解雇／5 期間途中の解雇・辞職／6 有期雇用の無期転換

15 失業したとき、どんな支えがあるの？ ………………………………片桐由喜 98

  1 雇用保険にアルバイトも加入できる？／2 雇用保険の仕組みはどうなっているの？／3 使用者が保険料を納付していなかった！ こんなとき、どうする？／4 第2のセーフティネットとは？

コラム 学生アルバイトと社会保険 …………………………………………加藤智章 104

第Ⅴ部 職場のトラブルを解決する

16 労働組合って何なの？ …………………………………………………中島 哲 106

  1 労働組合とは？／2 組合活動は憲法で保障されているって本当？…憲法28条／3 労働組合は何をするの？…組合結成、団体交渉、争議、労働協約締結／4 労働組合加入が義務の会社もあるの？／5 不当労働行為って何？…不当労働行為救済制度

17 困ったときどこに相談すればいいの？ ………………………………平賀律男 112

  1 どうやって職場のトラブルは解決されるの？／2 気軽に相談できるところはないの？…裁判所以外の紛争処理機関／3 裁判所ではどんなことが行われているの？

18歳から考える

ワークルール［第3版］

働くことを考える
▶ワークルールを学ぶまえに

　これから社会に出て働くためには本書で書いてあるようなワークルールの知識が必要です。同時に、会社や職場がどうなっているのか、雇用をめぐる状況を知っておかなければいけません。また、働くことの意義や働く際に必要なことも自分なりに考えを深めておかなければ就職したときに大変です。

　そこで、具体的なワークルールを学ぶ前に雇用や職場をめぐる状況をみてみましょう。

1　雇用や職場をめぐる状況

　現在、雇用や職場はどのような状況になっているのでしょうか。ここでは基本的な特徴だけを解説します。職場のリアルを知るためには、先輩や両親に職場の実態を聞くこともためになるでしょう。ゼミで、卒業したOB、OGに、仕事の内容や職場の実態を、朝起きてから寝るまでの1日の流れと仕事のなかで楽しいことを中心に話してもらうのもよいでしょう。リクルーターの話よりためになります。

　(1) **多様な働き方がある**　働くといえば、会社で働くことをイメージしますが、以下のように多様です。

　その1は、農業や自営業・家族従業者です。開業医や独立したIT技術者も含みます。自分のリスクで働くので、それだけ自由でやりがいもあります。他方、制度的な生活保障の仕組み、とりわけ雇用保険は必ずしも完備されていません。

　その2は、会社・役所に勤める雇用者です。このような働き方が一般的で、その割合は増加しています。最近では、NPOで働く人も増えています。雇用労働者の多くは、会社で働くので労働基準法（以下、労基法）等のワークルールが適用されます。

　ところで、以上のように自営と雇用とに二分されていますが、その中間的とみられる働き方の例もあります。たとえば、個人タクシーの運転手や独立して仕事をする商品販売員（たとえば、ヤクルトスタッフ）、NHKの集金人などです。経済的には弱い立場にありますが、仕事の仕方について直接のコントロールを受けません。というより、受けないことになっています。雇用ではないので労基法等の規制は受けません。このような働き方について、どのような保護を与えるべきかが重要な問題となっています。

　そのほかに家事等も働くことにほかなりませんが、雇用されていないのでやはりワークルールは適用されません。

　(2) **雇用が不安定化している**　雇用といってもその態様は、身分が安定している正規雇用と安定していないパートタイマー、アルバイト、派遣労働者、契約社員等の非正規雇用に二分されます。その中間的な、正規であるが

不安定な雇用（名ばかり正社員）も増加する傾向にあるといわれています。

非正規の割合は増加傾向にあり全労働者の４割近くになります。その理由として、人件費の節約や雇用量の柔軟化の要請が挙げられています。経営コストの側面ではそのとおりでしょうが、働く立場や将来的な社会のあり方からは根本的に考えなおすべき課題でしょう。

非正規雇用の特徴として、以下を指摘することができます。

①多くは期間の定めのある有期雇用で、いつ更新の拒否がなされるかもしれず不安定です。とりわけ、リストラになると最初にその対象となります。また、長期間継続就労しても正規社員・職員になるのは容易ではありません。

②低賃金で、年収200万円以下のいわゆるワーキングプア層が多いといわれます。親の援助で生活している人も多く、失業や病気になると生活保護の対象になりがちです。また、賃金の支払い方法も、多くは時間給で、「仕事」というより労働力の切り売りという性質になりやすいのです。賃上げもあまりなされません。

③仕事の内容は比較的単純で、職場内におけるキャリアの形成は困難といえます。職業訓練の機会もそれほど恵まれていません。転職の際にも非正規雇用の実績はあまり評価されません。

（3）　正規職員も楽ではない　　安定雇用の観点からは、正規雇用が有利ですが、働き方においては厳しさが要求されています。具体的には、転勤の可能性が高く、労働時間も長時間となりがちです。また、労務管理が厳正化され、個人の能力を重視する賃金体系、たとえば成果主義賃金や年単位で賃金がその都度決まる年俸制、さらに労働時間規制を受けない裁量労働制が採用されている場合もあります。仕事のストレスでうつ病になるケースもめずらしくありません。

2　働くことを考える

生きる力やキャリア教育の論議は盛んですが、労働や会社で働くことの意義についてはあまり論じられていません。そこで、ここでは、働くことの意義と働き続けるために必要な事項について考えてみます。「働き方」原論といえます。

（1）　なぜ働くのか　　人類は歴史上ずっと貧しかったので、多くの人は「なぜ働くのか」といった問いに悩むことはありませんでした。働かなければ生きていけなかったからです。また、親の仕事を受け継ぐ場合が多く，職業選択に迷うことはありませんでした。選択の自由がないぶん、その点での悩みもありませんでした。もっとも、自由に生きるためには人一倍の努力が必要でしたが。

では、人はなぜ働くのでしょうか。通常次の３つの側面から論じられています。

第１は、お金を稼ぐため、つまり経済的な自立を目的とします。私たちが生活している社会は、基本的に自己責任原則に基づいています。子どもの時代は親の扶養により生活しますが、リスクを引き受けて一人前に自分で生きるためには経済力が欠かせません。結婚し子どもを育て、次の世代へバトンタッチするためにも一定の経済力が必要です。この経済力をつけることが働

くことの最も基本的な目的といえます。その点から考えると、働きに見合った賃金の額が重要となります。賃金は生活費にほかならないからです。ワーキングプアは、本人にとっても社会的にも大きな問題なのです。

　第2に、人間的な成長のためといえます。働く場では、仕事の仕方について、上司の指示に従うとともに自分で工夫をし、また同僚と共同して作業を遂行することが必要とされます。一定の強制を受けながら継続して働くことによって、他人に対する配慮を知り、また自分を見つめることも多くなります。それだけ自己成長が図られるのです。

　さらに、自分の意思を適切に伝え相手の意向も理解するといったコミュニケーション能力も身につきます。身につかなければ働き続けることは困難です。とりわけ、職場には異なった年齢層・価値観をもった人たちがいるので、人に対する観察力もはぐくまれます。これらは友人関係だけでは獲得することが困難でしょう。

　第3に、社会参加もしくは社会貢献のためです。働くことは他人や社会のニーズに関連します。たとえば、物を販売する仕事は、生産、流通、宣伝等の仕事と密接に連動し、社会的ネットワークが形成されて国の経済が展開します。仕事に関してうれしかったこととしてよく挙げられるのが、お客さんに感謝されたことです。これも社会参加の一形態といえるでしょう。

　ところで、働き方との関連で、「自分らしい働き方」をしたいという意見がよく述べられます。ゼミで法学部の4年生にどのような働き方が好ましいかと尋ねたことがあります。多くの学生から「自分らしい働き方」という答えが返ってきました。このもっともらしい答えに対して異議を唱えるのは難しいのです。もっとも、自分らしいといっても、その内容は千差万別です。具体的な中身まで論じられなければ意味がありません。そこで、「自分らしい」という表現を使わず答えるようにと言ったところ、困った様子でした。これさえ言えば他人からとやかく言われない、つまり自分も納得するマジックワードにほかならないからです。

　自分らしいという表現は、はっきりいえば内容がありません。自分らしさを自分のことばでどう他人に対し表現するか、それこそが問われます。自分らしさにこだわらなくとも、どんな場合でも自分らしさは出ます。この点について、あまりナイーブになる必要はないでしょう。

　(2) **働くことに必要なこと**　　働くことの意義とともに、働く際とりわけ働き続けるために何が必要かを知ることも重要です。

　第1は、毎日遅れずに出勤する体力・気力です。一定の体力・気力がなければ何ごともできません。他人から信頼される最低限の勤勉さであり、学校は、この勤勉さを養成する仕組みといえます。

　第2は、組織の一員としての対人的能力（協調性）やコミュニケーション能力です。会社では上司の指示のもとで、もしくはチームとして働くことが多いのでこの能力は不可欠です。具体的には、相手の言うこと・ニーズに関する適切な理解能力や自分の思っていることを伝える表現・発言能力です。適切なコミュニケーションのためには、まず何を伝えるかを自分なりにはっきりと把握することが必要です。笑顔よりも伝えるべきメッセージ内容が重要です（笑顔も捨てがたいですが）。

　第3は、仕事に関する知識・能力です。仕事の内容にもよりますが、関連

する専門性や資格（運転免許等）が必要です。就職等の際に是非知っておくべき情報です。ただ、資格ばかりを追及する傾向に対し「自己啓発病」であるという批判もなされています。

第4は、仕事をする際の権利と義務を定めるワークルールに関する知識とそれを実現する資質です。これは就職のときだけではなく働き続けるためにも不可欠です。転職が多い理由の1つにワークルールを知っていない、もしくは守られていないことがあるからです。このワークルールは、労働条件だけではなく、職場における服装や髪型の自由、職場のイジメ等にも関係します。若い人が好む「自分らしさ」を職場で堅持するためにもワークルールを知ることは鍵となります。本書発刊の基本的目的がここにあります。

3　ワークルールの実現

ルールはそれを知るとともに実際に実現することが重要です。そのための方策・工夫として、以下のことを指摘できます。

① 労基法・最低賃金法・労働組合法・労働契約法等についての知識を得る

法律条文自体は、本やネット等で容易に調べることができます。本書では、主要な法律と関連する重要な裁判例を紹介していますが、法律が実際にどのように使われているかを知るためです。人を紹介するときに「いい人」というよりは、その人についてのエピソードを伝えたほうが具体的なイメージをもつことができるのと同様です。

法律の世界では、特定の行為に対し法律の要件をあてはめますが、それは法的な効果との関連で問題になります。たとえば、「職場の掃除が労働時間にあたるか」は、賃金請求の事案なのか、また掃除をしなかったことを理由に処分されたのが妥当かどうか（処分の効力）が争われた事案なのかによって異なります。労働時間とみなされると、前者ならば賃金請求ができ、後者ならば処分の余地があります。つまり、賃金請求とか処分と関連づけて労働時間か否かが問題になるのです。

② 心構え・気合いをもつ

自分や同僚に対する不正を「許せない」というある種の正義感をもつことです。この気持ち、よりリアルにいえば気合いは、職場で実際に権利を主張する場合に不可欠です。怒りにまかせてまくし立てるのではなく、冷静にかつ論理的に議論をする能力といえます。

ともかく会社や上司に文句を言うのですから、「教えること」が一番難しいことがらです。特に、異論を言うことを極端に嫌う文化ではそうです。しかし、自分自身や同僚を守るためには、対立関係を怖がらない気合いが必要です。法的な世界はこのような人間像を前提にしているのです。

③ コミュニケーション能力を身につける

仕事を適切に遂行するために必要ですが、ワークルールの実現のためにはより高度のコミュニケーション能力が不可欠です。敵対的な、かつ上司との関係が前提となるからです。自分の立場を的確に主張するとともに相手の立場を理解する能力といえます。その前提に何が論点か、問題なのかがわかることも重要です。KY好きの若者は、「わかり合う関係」を好みますが、違った立場の人との論争はどうも苦手です。感情的にならず、無視もしないで緊張感をもって自分の見解を述べることができるのが、大人で

あることの基本的な資質です。

④ 職場のサポートを得る

権利の主張を1人でするのは難しいので、職場のサポートがとても大事です。友人や同僚等の職場での人間関係や労働組合の役割が重要です。友情の大切さは容易にわかるでしょうが、「労働組合」的な連帯も捨てがたいでしょう。労働組合は、労働条件を維持・改善するだけではなく、職場の問題を話し合う、とても重要な場なのです。

4　本書の使い方

本をどのように読むか、使うかは本来読者の自由ですが、執筆者としては次のことを期待しています。

その1は、ワークルール自体を知るためです。法律の世界では「知識は力」であり、自分を守るためには不可欠な知識です。この知識の獲得は、職場における適切なルールの実現をも目的とします。ワークルールの遵守は、同僚や後輩だけではなく会社自体のためでもあります。

その2は、知識だけではなく議論の仕方を身につけるためです。知識を実際に生かす能力といえます。そのためには、ワークルールをめぐる具体的な紛争を対象とすることが有用だと思います。身近な問題であり、論点がイメージしやすいからです。

とりわけ、法律的な論点は、はっきりした対立関係を前提としているので、自分の見解を確かめるとともにそれを相手に的確に伝える必要があります。その点ではコミュニケーション力の養成といえます。また、話し合いを通じて、多様な見解があることを知ってもらえればと期待しています。

その3は、働く意義を具体的に考えるためです。職場における紛争で提起される問題は、能力評価のあり方、業務命令の意味と限界、ワーク・ライフ・バランス等多様です。これらの問題は、具体的紛争の解決を通じてこそよく理解できます。

ワークルールの知識も重要ですが、知識の獲得を通じて、議論の筋を理解し、身につけることです。適用力・応用力といえます。人生で直面するのは、常に応用問題です。

🌀 うらん　最判とは

労働法を理解するには条文だけではなく裁判例を知る必要があります。裁判例は条文の意味を知る最適のテキストに他なりません。あの人はいい人だといわれるよりも、その人の具体的エピソードを知るほうが理解が深まるからです。たとえば、勤務成績不良を理由とする解雇事件では、訴訟を提起する原告の勤務態度や成績とともに相手側である被告（使用者）の労務管理の仕方や指導の実際が問題になり、それがどのような「物語」になるか、使用者が適切な指導をしなかったケースなのか使用者の熱心な指導にもかかわらず成績が伸びなかったのかにより解雇の正当性の判断がわかれます。

裁判例は、その名称（たとえば、三菱樹脂事件）、判決日時、裁判所名、出典から特定されます。たとえば、

「最判」とは最高裁判決の意味であり、裁判所はその他に、高等裁判所（高裁）、地方裁判所（地裁）、簡易裁判所（簡裁）、家庭裁判所（家裁）があります。簡裁は、訴訟の目的の価格が140万円を超えない事件を取り扱うので、通常の労働事件は地裁からスタートすることになります。地裁の判断に不満があれば、高裁に控訴し、それにも不満があれば最高裁に上告することになります。

各種の裁判例の中で、その後の裁判の指標となるものを一般的に「判例」といいます。最高裁の判断がその例ですが、それ以外に地裁・高裁（下級審という）の判断であっても一定の影響力があるものもあります。ただ、「判例」といっても特定の事実関係を前提としているので、それがどの程度の一般性を有するかは問題になります。

第 I 部

仕事を
はじめる

仕事をはじめるときに気をつけることは？

> **設例** 大学生になったAさんはアルバイトをはじめました。面接のときに会社から、「遅刻には厳しく対処します。1回につき5000円を罰金として減給します。」と言われ、Aさんは仕方がないと思って同意しました。

1 なぜ労働法は必要なの？

18歳になって、初めてアルバイトを経験する人も多いでしょう。当たり前のことですが、生きていくためには生活を送るための収入が必要になります。自ら事業を営む自営業も「働き方」の1つですが、世の中の多くの人が雇用[1]という形式で働いています。

正社員として働くときはもちろん、アルバイトをするときにも、**労働契約**[2]を締結することになります。どういう労働条件で働くかといった契約の内容については、労働者と使用者の合意で決めることが基本になります。

雇用に関するルールについては、**民法**[3]にも規定があります（民法623～631条）。民法では、労働者と使用者は対等な契約当事者と把握され、当事者が自由に契約内容を決めることができるという原則（契約自由の原則）によって規律されています。労働契約においても、契約自由の原則が基本原則です。

しかし、この契約自由の原則は、現実には、労働者に不利に働くことになります。使用者が優位に契約内容を決めてしまうこともまれではなく、当事者が契約の内容を全部自由に決められるということにしてしまうと、低賃金や長時間労働などの劣悪な労働条件が放置されてしまうことにもなりかねません。歴史的にも、労働者が劣悪な労働条件のもとで働かされるという事態が生じました。

そうしたことにならないよう、労働者を保護するために登場したのが労働法です。労働法は、契約自由の原則を修正し、労使の実質的な対等関係を実現することを目指すものです。**労働基準法**[4]（以下、労基法）は、労働者と使用者が、対等な立場において労働条件を決定すべきものであると規定しています（労基法2条）。

設例にある、遅刻に対して罰金を科すことについて考えてみましょう。遅刻に対する罰金は、法的には、減給の制裁にあたります。賃金については、働いた分だけもらえるのであり、働かなかった分についてはもらえないというのが原則です（ノーワーク・ノーペイの原則）。遅刻して1時間働かなかった場合には、その1時間分の賃金はもらえないというのが通常の取扱いになります。では、実際に働かなかった分を超えて減給の制裁をすることは許されるのでしょうか。

減給の制裁については、労基法がルールを定めています。まず、減給の制

➡ **1 雇用**
雇用とは、当事者の一方が相手方に対して労働に従事することを約束し、相手方がこれに対して報酬を与えることを内容とする契約のことをいいます。

➡ **2 労働契約**
労働契約とは、労働者が使用者に使用されて労働し、使用者がこれに対して賃金を支払うことを内容とする労働者と使用者の間の契約のことをいいます（労働契約法6条）。2007年には労働契約法が成立し、労働契約に関する基本的な事項が定められています。本書❸参照。

➡ **3 民法**
民法とは、市民社会における市民相互の財産や身分を規律する私法の一般法のことをいいます。民法にも雇用に関する規定が設けられていますが、雇用の分野については、労働法規によって労働者の保護が図られています。

➡ **4 労働基準法**
労基法は、賃金や労働時間などの労働条件の最低基準を定めた法律です。労基法に違反した場合には刑罰が科せられるとともに、法律で定める基準に達しない労働契約は、無効になります。本書❸参照。

裁を行うためには、使用者はそのルールを就業規則に定めることが必要です（労基法91条）。減給の制裁は、**就業規則**に定めもなく、使用者が勝手にできるものではありません。

そして、就業規則に明記されている場合でも、減給の制裁には上限が設けられています。1回の額が**平均賃金**の1日分の半額を超え、総額が一賃金支払期における賃金の総額の10分の1を超えてはいけません（労基法91条）。つまり、遅刻や無断欠勤をした場合でも平均賃金の1日分の半分まで、1か月の賃金が20万円の人であれば総額で2万円までということになります。たとえ当事者が減給の制裁について合意をしていたとしても、このルールは当事者の合意では変更できない**強行法規**とされていますので、労基法に反する合意は無効になります。遅刻をすることはもちろん悪いのですが、その額があまりに多額であるとその人の生活を脅かすおそれがあるために、労基法はこのようなルールを設けています。

このほかにも、契約期間の途中で辞めた場合に違約金を支払うよう定めたり、会社の備品を壊したら弁償せよなどとあらかじめルールを決めておくことも労基法は禁止しています（労基法16条）。これは、辞めたいのに辞めることができず、働き続けなければならない状態を強制させられるのを防止するためです。

このようなルールは、歴史の中で形成されてきたものであり、働く人を守るのが労働法の1つの役割です。労働法について学び、社会の現実の動きを知ることが、みなさん自身を守ることにつながります。

2 アルバイトにも労働法は適用されるの？

■展開例1　会社に年次有給休暇があるか確認したところ、「アルバイトに年次有給休暇なんてあるはずないよ」と説明されました。そもそも、アルバイトに労基法などの法律は適用されるのでしょうか？

→5　就業規則
就業規則とは、使用者が事業場における労働条件や服務規律等を定めたものです。常時10人以上の労働者を使用する使用者は就業規則を作成しなければなりません（労基法89条）。本書❸参照。

→6　平均賃金
労基法は、平均賃金の算定方法を定めています。平均賃金は、原則として、それを算定する事由の発生した日以前3か月間に労働者に支払われた賃金総額を、その期間の総日数で除した金額のことをいいます（労基法12条）。

→7　強行法規
法律の規定には、当事者がそれと異なる特約をした場合について、特約が無効になる規定もあれば、特約が有効とされる規定もあります。前者を強行法規といい、後者を任意法規といいます。

労働法とは

雇用に関する法律はたくさんありますが、「労働法」という名前の法律があるわけではありません。労働法とは、人が雇用されて働くうえで発生する問題を法的に解決するためのシステムの総称です。

労働法の世界では、雇用される人々を「労働者」、雇用する側の企業等を「使用者」と呼びます。法律によっては、使用者のことを「事業主」と呼ぶこともあります。

労働法は、大きく、雇用関係法（個別的労働関係法）、労使関係法（集団的労使関係法）、労働市場法の3つの分野からできています。

雇用関係法とは、労働者と使用者との間の雇用関係を規律する分野です。労働基準法や最低賃金法などが労働条件の最低基準を設定しています。労働契約に関するルールを定める法律として労働契約法があります。

労使関係法とは、労働者、使用者、労働組合との集団的な関係を規律する分野です。労働組合法は、労働組合を結成し、団体交渉や団体行動を通じて労働条件を決定することを支援しています。

労働市場法とは、求職者（労働者）と求人者（使用者）の労働力取引に関する分野です。職業紹介を規整する職業安定法や、失業保険の給付等について定める雇用保険法などが、労働市場の整備や活性化を図り、失業者を支えるためのルールを設定しています。

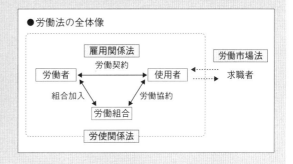
●労働法の全体像

➡ 8 労働者
労基法9条の定義は、最低賃金法（2条）、労働安全衛生法（2条2号）、労働者災害補償保険法（1条）などの法律でも使われており、労働契約法が適用される「労働者」も基本的に同じであると解されています。他方、労働組合法は、「賃金、給料その他これに準ずる収入によつて生活する者」と定義し、失業者も含むものとされ、労基法よりも広い概念とされています（労働組合法3条）。

➡ 9 労働者性の判断
労働者かどうかの判断は、基本的には、労働が使用者の指揮監督下において行われているか否かという労務提供の形態と、報酬が提供された労務に対するものであるか否かという報酬の労務対償性によって判断されています。具体的には、使用者の指揮監督下の労働といえるかどうかは、仕事の依頼、業務従事の指示等に対する諾否の自由の有無、業務遂行上の指揮監督の有無、勤務場所・勤務時間に関する拘束性の有無、代替性の有無等に照らして判断されます。報酬の労務対償性については、報酬が一定時間労務を提供していることに対する対価と判断される場合には、使用従属性を補強すると考えられています。さらに、判断を補強する要素として、事業者性の程度、専属性の程度、その他の事情を勘案して総合的に判断しています（労働基準法研究会報告「労働基準法の『労働者』の判断基準について」1985〔昭60〕年）。

雇用で働く人すべてが正社員ではなく、近年では、パートタイム労働者、派遣労働者、契約社員といった非正社員の割合が3分の1を超えるなど、就業形態の多様化が進んでいます。こうした非正社員に対して、労基法などの法律を無視した運用をしているケースも見受けられます。労働法に関する法律が誰に適用されるのか、よく理解しておくことが重要です。

労基法は、職業の種類を問わず事業に「使用される者で、賃金を支払われる者」を「労働者」と定義しています（労基法9条）。ここでいう「使用」されるというのは、労働者が使用者の指揮命令のもとで働いていることをいいます。また、「賃金」とは、労働の対償として報酬を得ていることです（同法11条）。

この定義に当てはまる働き方をしていれば、職業の種類を問わないのですから、正社員だけでなく、アルバイトやパートタイマー、派遣社員、契約社員として働く人についても、「労働者」として労基法が適用されることになります。

もっとも、最近は、サービス産業の増加などによって就業形態が多様化し、労働者か否かの判断が難しい事例が増えています。業務委託や請負といった形態で働く場合には、注文主の指揮命令を受けない「事業主」として扱われ、基本的には労働法の適用がありません。しかし、業務委託や請負であっても、実際には雇われて働いているのと変わらない場合など、その実態から指揮監督下の労働をしていると評価できる場合には、「労働者」として労基法などの法律の適用を受けることになります。

では設例について考えてみましょう。年次有給休暇とは、一定期間勤続した労働者に対して、心身の疲労を回復し、ゆとりある生活を保障するために付与される有給の休暇のことです。

年次有給休暇が付与される要件は2つあります。その要件は、①雇入れの日から起算して6か月間継続して勤務していること、②全労働日の8割以上出勤していることです（労基法39条1項）。この要件を満たせば、労働者は法律上当然に所定日数の年次有給休暇の権利を取得し、使用者は「業務の正常な運用を妨げる場合」でない限り、年次有給休暇を付与する義務を負います。

年休の日数は、通常の労働者については、採用から6か月勤務後に10日の年次有給休暇が付与され、その後1年ごとに1日（3年目以降は2日）ずつの日数が加算されます。6年6か月以降は20日となり、これが労基法の最高日数となります（労基法39条2項）。

アルバイトも労基法上の労働者ですので、上記の要件を満たせば年次有給休暇が付与されます。年休の日数は、1週間の所定労働時間が30時間以上の者、週の労働日数が5日以上の者については、通常の労働者と同じ日数の年次有給休暇が付与されます。所定労働日数が少ない労働者については、週の所定労働日数に応じて比例的に年次有給休暇が付与されます（労基法39条3項、労基法施行規則24条の3）。たとえば、週の所定労働日数が3日のアルバイトで働く人が6か月間継続勤務し、所定労働日の8割以上出勤した場合には、5日の年次有給休暇が付与されることになります。

このように、パートやアルバイトについても、労基法などの法律が適用され、所定の要件を満たせば年次有給休暇も付与されることになります。

3 自分の労働条件を知るには?

■展開例2　自分の労働条件を知りたいと会社に話をしたのですが、口頭で簡単な説明しかしてくれませんでした。労働条件について書面でもらっておいたほうがいいでしょうか?

　労働契約は、口約束であっても両者が合意をしていれば成立します。しかし、求人票や募集広告だけでは、採用側とアルバイト側との間に認識の違いが生じている可能性もあり、後でトラブルの原因になりかねません。働く際には自分の労働条件を知っておくことが重要です。

　使用者は労働契約の締結に際し、労働者に対して労働条件を明示しなければなりません(労基法15条1項)。特に重要な労働条件については、書面で明示する必要があります(労基法施行規則5条)。書面で明示することが義務づけられているのは次の項目です。

① 契約はいつまでか(労働契約の期間、有期労働契約を更新する場合の基準、無期転換の際は無期転換申込機会等の明示)
② どこでどのような仕事をするか(就業の場所・従事すべき業務に関する事項〔変更の範囲も含む〕)
③ 労働時間、休憩、休日などがどうなっているか(始業および終業の時刻、所定労働時間を超える労働の有無、休憩時間、休日、休暇並びに労働者を2組以上に分けて就業させる場合における就業時転換に関する事項)
④ 賃金がどのように支払われるか(賃金の決定、計算および支払いの方法、賃金の締切りおよび支払いの時期並びに昇給に関する事項)
⑤ 辞めるときどうなるのか(退職に関する事項〔解雇の事由を含む〕)

　2024年4月1日からは労働条件の明示事項が追加され、就業場所・業務の

資料❶　労働条件通知書

➡10 無期転換申込権

同一の使用者との間で、有期労働契約が通算5年を超えるときは、労働者の申込みにより、期間の定めのない労働契約（無期労働契約）に転換する制度です。本書**⑭**参照。

➡11 短時間・有期雇用労働者

短時間・有期雇用労働者とは、正社員より所定労働時間が短い労働者と期間の定めがある契約を締結している労働者のことをいいます。

➡12 パート有期法

正式名称は、「短時間労働者及び有期雇用労働者の雇用管理の改善等に関する法律」です。

変更の範囲、有期労働契約の更新上限の有無と内容について明示する必要があります。また、**無期転換申込権**が発生する更新の際には、無期転換申込機会の明示、無期転換後の労働条件の明示が求められます。また、正社員より所定労働時間が短い**短時間・有期雇用労働者**については、上記事項に加えて、⑥昇給の有無、⑦退職手当の有無、⑧賞与の有無についても、文書の交付（労働者の希望があればFAX、メールでもよい）により労働者に明示する必要があります（**パート有期法**6条）。労働基準監督署には、「労働条件通知書」という書式があります（資料❶参照）。これに記入してもらうのも1つの方法でしょう。

労働条件が明示されるべき時期は、労働契約締結時です。就業規則がある会社では、就業規則の記載事項と一致するため、労働条件の明示は、就業規則の周知によって行われることもあります。労働条件をまったく書面で明示していない場合は、労働基準法違反となり、使用者は罰金等に処せられます。

なお、求人広告などで労働者の募集を行う場合についても、労働者を雇用しようとする者（求人者）は、従事する業務の内容、賃金、労働時間等の労働条件を明示しなければなりません（職業安定法5条の3）。また、労働条件を明示する際には、求職者等に誤解を生じさせることのないよう、平易な表現を用いるなど的確な表示に努めなければならないとされています（同法42条）。

労働契約の内容については、文書での交付が義務づけられていない労働条件についても、できる限り書面で確認することが望ましいといえます（労働契約法4条2項）。また、使用者は、労働者に提示する労働条件および労働契約の内容について、労働者の理解を深めるようにしなければなりません（同条1項）。法律は、労働条件の内容を事前に明示し、そのことによってトラブルを防ぐことを求めています。

4 労働条件が事前の話と違ったら？

■展開例3 働きはじめてから、実際の賃金が求人票に掲載された賃金よりも少ないことがわかりました。業務内容についても、当初想定していなかった仕事まであり、こんな条件なら働かなかったのにと後悔しています。

使用者が明示した労働条件は、原則として労働契約の内容になります。契約時の労働条件と実際とが異なる場合には、契約どおりの内容を履行するよう要求できます。また、明示された労働条件が事実と異なる場合には、労働者は即時に労働契約を解除することができます（労基法15条2項）。

実際には、募集の際の求人票や求人広告で明示された労働条件が重要な意味をもつことがあります。裁判例では、求人票に示された労働条件は、当事者間においてこれと異なる別段の合意をするなど特段の事情がない限り、労働契約の内容になると判断されています（千代田工業事件・大阪高判平2年3月8日、株式会社丸一商店事件・大阪地判平10年10月30日）。

もっとも、労働条件が明示されるべき時期は労働契約締結時ですので、求人ないし募集の時点では、「見込額」を求人票に記載し、入社時に賃金額を確定する取扱いも行われています。その場合には、求人票記載の見込額が労働契約の内容になっていると評価できるかが問題になります。

ある裁判例では、求人票記載の見込額は、同額の賃金の支給を保障したも

のではなく、採用内定時に賃金額が求人票記載のとおり当然確定したと解することはできないと判断されています（八洲測量事件・東京高判昭58年12月19日）。

この裁判例では結論として見込額との差額請求が否定されていますが、判決は、「賃金は最も重要な労働条件であり、求人者から低額の確定額を提示されても、新入社員としてはこれを受け入れざるをえないのであるから、求人者はみだりに求人票記載の見込額を著しく下回る額で賃金を確定すべきではないことは、信義則からみて明らかである」と指摘しています。

他方、中途採用者のケースでは、求人票記載の見込額の支給が受けられるものと信じて応募しているのであり、実際の賃金が求人票記載の見込額と比べ、社会の常識や通念に照らして著しく下回ることは不法行為を構成するとして慰謝料の支払いを命じたものもあります（日新火災海上保険事件・東京高判平12年4月19日）。

働くときには、求人票記載の賃金の支給が受けられるものと信じて応募するのですから、求人票記載の賃金と実際の賃金との差額が大きい場合には、まったく会社側に責任がないとはいえないでしょう。求人票等に賃金の見込額を記載する場合は、会社側は面接時に記載内容が見込にすぎないことを説明するとともに、労働条件に変更がありうる場合には、募集や内定の段階で労働者に対して適切に説明をすることが求められます。

たとえ労働条件が事前の話と違っても、仕事を自分で選んだという思いが強く、仕方がないと考えたり、我慢しようと考える人もいるかもしれません。しかし、自分の労働条件を知り、自分で自分自身を守ることが大切です。労働条件が記載された書面は、トラブルになったときには重要な証拠になります。労働条件通知書はもちろん、自分が参照した求人情報のコピーも保管しておくことが望ましいといえるでしょう。

❶のQ&A：
理解度チェック

労働者派遣と請負はどう違う？

労働者派遣や請負といったことばをニュースで聞いたことがある人もいるでしょう。労働者派遣と請負は法的には違うものです。

労働者派遣とは、「自己の雇用する労働者を、当該雇用関係の下に、かつ、他人の指揮命令を受けて、当該他人のために労働に従事させること」です（派遣法2条1号）。労働者派遣の特徴は、雇用関係と指揮命令関係が分離している点にあります。労働者派遣は、労働者派遣法の規制を受けます。

これに対して、請負とは、民法で定められた契約の1つで、当事者の一方がある仕事を完成させ、その相手方が、仕事の結果に対して報酬を支払うことを約束する契約です（民法632条）。請負の特徴は、注文主と労働者との間に指揮命令関係が生じないという点にあります。請負の場合には、労働者派遣法は適用されません。

このように、労働者派遣と請負の最大の違いは、労働者が注文主（派遣先）から指揮命令を受けるかどうかにあります。労働者派遣法の適用を免れるために、請負の形式をとりながら、注文主が労働者に指揮命令をしたりすることは、違法な労働者派遣（偽装請負）にあたります。

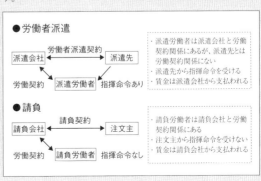

2 内定したのに働けない!?

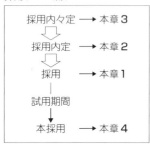

設例

A：昨日、X社の面接試験を受けてきたよ。
B：どんな質問をされたの？
A：たとえば、「父親の職業、年収は？」という質問をされたよ。
B：その質問に正直に答えたの？
A：そりゃそうだよ。
B：会社が面接試験で父親の職業や年収を聞くのは、駄目だと思うんだけど。
A：えっ、そうなの？
さて、X社は、面接試験でAさんに何でも聞いてよいのでしょうか？

1 企業は、面接でどんなことを聞いてもいいの？

(1) **採用の自由とは** 雇用契約は、労働者と使用者との間で交わされる契約であり、民法の大原則として、雇用契約関係に入ろうとする労働者にも使用者にも、契約締結の自由があります。

この契約締結の自由を、使用者側からみたものを、「採用の自由」といいます。採用の自由の具体的内容は、企業が、①いかなる者を採用するかを選択する自由、②採用するにあたり調査をする自由、③契約締結を強制されない自由などと整理できます。

(2) **選択の自由** 使用者は、どのような者をどのような条件で雇うのか、原則として自由に決定することができるとされています。しかし、選択の自由にも、法律上、一定程度の制約があります。

男女雇用機会均等法[1]は、労働者の募集および採用について性別を理由とした差別を禁止しています（5条）。

雇用対策法[2]は、労働者の募集及び採用について年齢にかかわらず均等な機会を与えなければならないとしています（10条）。これは、労働者の募集および採用について年齢にかかわらず均等な機会を与えるよう努めなければならない、という努力義務規定だったものが、2007（平19）年法改正によって、義務規定に改正されたものです。

障害者雇用促進法[3]は、事業主に一定比率以上の障害者を雇用することを義務づけており（37条・43条以下）、障害者の雇用率が一定比率に満たない事業主から障害者雇用納付金を徴収することとしています（53条以下）。

また、労働組合員であることを理由とする採用拒否は、労働組合法7条1号、3号が禁止する**不当労働行為**[4]として、違法であるとされています（中労委（青山会）事件・東京地判平13年4月12日）。

(3) **調査の自由** 企業は、採用の自由を有しており、その一内容とし

▶1 **男女雇用機会均等法**
正式名称は「雇用の分野における男女の均等な機会及び待遇の確保等に関する法律」です。

▶2 同法に基づき、厚生労働省はたとえば、フリーター・ニートに対する就職支援など（若年雇用対策）を行っているところです。

▶3 **障害者雇用促進法**
正式名称は「障害者の雇用の促進等に関する法律」です。

▶4 **不当労働行為**
不当労働行為とは、使用者が行う労働組合活動に対する妨害的行為であり、労働組合法7条によって禁止されている行為です（本書❶5参照）。

14　第Ⅰ部　仕事をはじめる

て、調査の自由を有しています。

　すなわち、企業は、応募者の採否の判断材料を得るため、応募者本人から一定事項について申告を求めるなどの調査をすることができます。

　したがって、応募者の職業上の能力、技能、適格性に関連した事項であれば、企業は応募者の質問や調査をすることは正当といえます。

　企業が応募者の採否決定にあたり、応募者の思想、信条の調査をすることが許されるのかが争点となった**三菱樹脂事件**において、最高裁は、「企業者が雇用の自由を有し、思想、信条を理由として雇い入れを拒んでもこれを目して違法とすることができない以上、企業者が、労働者の採否決定にあたり、労働者の思想、信条を調査し、そのためその者からこれに関連する事項についての申告を求めることも、これを法律上禁止された違法行為とすべき理由はない」（最大判昭48年12月12日）という判断を示しており、この最高裁判決を前提とする限り、企業が応募者に対して有する調査の自由は、相当広範囲に及ぶということができそうです。

　しかしながら、企業が有する調査の自由にも一定の制約があり、応募者の人格やプライバシーを侵害する態様での調査は許されません。

　厚生労働省は、「公正な採用選考の基本」を公表し、応募者の適正・能力とは関係のないことがらを応募用紙に記入させたり、面接試験で質問したりすることは許されないとしています。

　設例のように、応募者の家族の職業、年収などといった応募者に責任のない事項について、企業が応募者に質問することは許されないというべきです。

（4）**契約締結を強制されない自由**　契約締結を強制されない自由は、民法上の大原則である契約締結の自由の根幹をなすものです。

　したがって、使用者による採用拒否が不当な差別に該当し、違法とされる場合であっても、せいぜい不法行為による損害賠償が認められるにとどまり、使用者に労働契約の締結自体を強制することはできないと解されています。

➡5　三菱樹脂事件
　労働者の学生運動歴を理由に、企業が試用期間満了時に労働者の本採用を拒否したという事件です（本章4参照）。

. . . .

🄲🄾🄻🅄🄼🄽　労働契約の成立過程

　店で服を購入する場合を例にとって、まず、民法上、いつ、契約が成立するとされているかを説明します。

　店頭で、あなたが「この服をください」と言っても、店員がこれを断った場合、服の売買契約は成立しません。これは、あなたの「この服をください」といった契約の「申込み」に対して、店側が「承諾」をしなかったためです。

　服の売買契約が成立するためには、あなたが「この服をください」と言ったのに対し、店員が「わかりました」と言って、「承諾」する必要があります。

　すなわち、「申込み」と「承諾」が合致することで、初めて契約は成立するのです。

　店側が店頭で服を値札付きで展示していることは、契約の「申込み」ではありません。客による売買契約の「申込み」を誘う契機となる行為という意味で、このような行為を「申込みの誘引」といいます。

　以上を前提に、始期付解約権留保付労働契約の意味を説明すると、以下のようになります。

①社員の募集＝申込みの誘引
　　　⇩
②応募　　　＝申込み
　　　⇩
③内定通知　＝申込みに対する承諾
　　　⇩
④労働契約の成立

　ただし、たとえば卒業後の入社日から採用するとされている点で始期が付されており、一定の採用内定取消事由が発生した場合には解約することができるとされている点で解約権が留保されている特殊な契約です。

①店が店頭で服を値札付きで展示していること＝申込みの誘引
　　　⇩
②あなたが、「この服をください」と言ったこと＝申込み
　　　⇩
③店員が「わかりました」と言ったこと　　　＝承諾
　　　⇩
④申込みと承諾が合致したため、服の売買契約が成立

2 内定って、そんなに簡単に取り消していいの？

■展開例1　Cさんは、大学4年生で来春卒業予定です。不景気のため、就職活動は困難を極めましたが、Y社からようやく内定をもらうことができました。両親も喜んでくれ、安心しきっていたところ、卒業間際の3月になって、Y社から業績悪化により内定を取り消すことになったとの通知を受け取りました。50社以上も回って、ようやく得た内定だったので、Cさんのショックは計り知れません。Cさんは、あきらめるしかないのでしょうか？

(1)　**採用内定とは**　　多くの日本の企業では、新規学卒者を一括採用するという慣行が強く、採用された新規学卒者が、年度初めである4月から働きはじめるというのが、一般的な就職形態とされています。

このような新卒一括採用の慣行に対しては、日本独特の採用慣行であって改めるべきだという批判がある一方、企業側にとっては、同質の人材を一括採用して社内に抱え、効率的に育てることができる、合理的なシステムであるという指摘もあるところです。

そして、その新規学卒者は、卒業半年前ないし1年前には、どの企業に採用されることになるのかが、事実上、決まっていることが多いのです。

これを採用内定といい、採用試験を実施して合格した採用内定者には、卒業前に、**採用内定通知書**を送付するということが一般に行われています。

➡6　内定通知書の例

> ○○○○○殿　　　　　　　　　株式会社○○○○
> 　　　　　　　　　　代表取締役社長　○○○○○○
>
> 　　　　　　　　採用内定のご連絡
>
> 拝啓　時下ますますご健勝のこととお慶び申し上げます。
> さて、先日は、当社入社試験にご応募いただき誠にありがとうございました。厳正なる選考の結果、貴殿を採用することを内定しましたのでご連絡いたします。
> つきましては、同封の書類をご記入いただき、期限までにご返送ください。
> なお、入社日については別途ご連絡いたします。
> 令和○年○月○日
> 　　　　　　　　　　　　　　　　　　　敬具
>
> 　　　　　　　　　　　記
>
> 1．提出書類　入社承諾書　誓約書　身元保証書
> 2．提出期限　令和○年○月○日
> ご不明な点がありましたら、人事担当　○○まで

(2)　**採用内定の法的性質**　　判例では、採用内定取消しが適法であるか否かをめぐって、採用内定がどのような法的性質をもつのかが問題となりました。大日本印刷事件（最判昭54年7月20日）、電電公社近畿電通局事件（最判昭55年5月30日）は、次のように考えています。

すなわち、企業による社員の募集は労働契約申込みの誘引であり、これに対する応募は、労働者による契約の申込みです。そして、採用内定通知の発信が、使用者による契約の承諾であり、これによって労働契約が成立します。ただし、この契約は、たとえば卒業後の入社日から採用するとされている点で始期が付されており、一定の採用内定取消事由が発生した場合には解約することができるとされている点で解約権が留保されている特殊な契約です。

このように、判例法理では、採用内定について、始期付解約権留保付労働契約が成立したものと捉えています（コラム参照）。

(3)　**採用内定取消しの適法性**　　このように、採用内定の法的性質について、始期付解約権留保付労働契約が成立したものと捉えることとなるので、採用内定取消しが適法であるか否かという問題は、留保解約権の行使が適法であるか否かという観点から判断されます。

判例上、このような留保解約権の行使は、「解約権留保の趣旨、目的に照らして客観的に合理的と認められ社会通念上相当として是認することができるものに限られる」として、企業が留保解約権を行使できる場面には限定が付されています。

成績不良による卒業延期、健康状態の著しい悪化、虚偽申告の判明、逮捕・起訴猶予処分を受けたことなどが、内定取消事由としてよく挙げられる事情です。

展開例1のように、経済変動による経営悪化が原因で企業が採用内定を取り消した場合にそれが認められるかは、整理解雇の場合に準じて、①内定

取消しの必要性がどこまであるのか、②内定取消しを回避するため企業がどの程度の努力をしたのか、③人選は妥当であるのか、④取消対象者に対して十分な説明をしたのか、という観点から検討されるべきこととなります。[7]

➡ 7　整理解雇の4要件
本書⓭参照

　これを前提に、展開例1の場合について考えてみましょう。

　Y社は、業績悪化によりCさんの内定を取り消すことになったということですが、内定取消しをしなければならないほどの業績悪化なのか、内定取消しを回避するためにY社がどの程度の努力をしたのか、なぜCさんが内定を取り消されることになったのか、いずれも不明です。そして、Y社は、卒業間際の3月になってCさんに通知を送付しているだけであり、取消対象者であるCさんに対して十分な説明をしたとはいえないでしょう。

　したがって、Y社によるCさんに対する内定取消しは正当とはいい難いです。

　Cさんとしては、あきらめることなく、Y社に対して内定を取り消さざるをえなかった具体的理由を説明するよう求めるとともに、内定取消しを撤回するよう粘り強くY社と交渉してはどうでしょうか。

3　内々定をもらっていても、意味がないの？

> ■展開例2　Dさんは、Z社より、採用内々定を受けました。ところが、採用内定通知が出される予定日の直前になって、Z社担当者から電話があり、「採用内定は出さないことにした。すまないが、他社に行ってくれ」と一方的に告げられました。Dさんは、Z社から採用内々定を受けたことに安心し、他社への就職活動はしていませんでした。他社の多くは、もう募集を締め切っているところが大半で、今さら他社に行ってくれと言われても、途方に暮れてしまいます。
> 　Dさんは、Z社の法的責任を問うことはできないのでしょうか？

（1）　採用内々定とは　　先ほどは、採用内定の意味について説明しました。

　ただ、日本では、大学卒業見込者の就職に関し、企業が採用内定よりも前の段階で、採用内々定を出し、その後、正式に採用内定通知を出すというこ

採用内定者は、企業が入社前に実施する研修への参加義務があるのか？

　採用内定者は、企業が採用内定期間中に実施する研修への参加義務があるのでしょうか。

　採用内定の法的性質につき、判例法理は、始期付解約権留保付労働契約であると解しています。ただ、始期付解約権留保付労働契約であるとする考え方の中でも、2つの説の対立があります。

　1つは、効力始期付解約権留保付労働契約であるとする考え方であり、この考え方は、内定期間中は労働契約は成立しているがその効力は入社日まで発生せず、内定者は、企業が入社前に実施する研修への参加義務を負うものではないとします。

　もう1つは、就労始期付解約権留保付労働契約であるとする考え方であり、この考え方は、労働契約の成立により入社前の段階でその効力が発生するから、内定者は、企業が入社前に実施する研修への参加義務を負うとします。

　宣伝会議事件（東京地判平17年1月28日）は、内定者と当該使用者との間で成立した契約を効力始期付解約権留保付労働契約であると解したうえで、「使用者が、内定者に対して、本来は入社後に業務として行われるべき入社日前の研修等を業務命令として命ずる根拠はない」と判示しており、参考になります。

採用内定の法的性質

判例法理
始期付解約権留保付労働契約

2つの説の対立あり

①効力始期付解約権留保付労働契約 →内定者は、企業が入社前に実施する研修への参加義務を負わない	②就労始期付解約権留保付労働契約 →内定者は、企業が入社前に実施する研修への参加義務を負う

とが、かなり行われています。これを、採用内定のさらに内定という意味で、採用内々定と呼びます。

(2) **採用内々定の法的性質**　しかしながら、このような採用内々定関係は、企業も応募者も、労働契約の確定的な拘束関係に入ったとの意識には至っていないと考えられます。したがって、採用内定と同様に、始期付解約権留保付労働契約が成立したと捉えることは困難です。

(3) **採用内々定取消の適法性**　ただし、企業と応募者との間で、どの程度の拘束関係が生じたといえるかは、個々のケースによって異なります。ケースによっては、企業と応募者の間で、採用内定関係に極めて近い拘束関係が生じたといえる場合もあります。

採用内定関係に極めて近い拘束関係が生じたといえる場合には、企業の法的責任が認められやすいといえます。

企業が一方的に採用内々定を取り消した場合に、企業に損害賠償責任を認めた裁判例としては、コーセーアールイー（第2）事件（福岡地判平22年6月2日、福岡高判平23年3月10日）が挙げられます。

コーセーアールイー（第2）事件においては、企業の内々定取消によって応募者の期待権を一方的に侵害したのは違法であるとして、1審（福岡地判平22年6月2日）では、企業に110万円の損害賠償を命じ、2審（福岡高判平23年3月10日）では、企業に55万円の損害賠償を命じています。

展開例2のように、内々定を一方的に破棄されたDさんについては、Z社に採用されることについて期待権を有しており、それが法的保護に値するといえる場合には、Z社の損害賠償責任を問うことができそうです。

4　本採用するかしないかは、企業の自由なの？

■展開例3　Eさんは、試用期間を3か月として、W社に正社員として入社しました。3か月の試用期間が明け、本採用となると思っていたある日、上司に呼ばれ、「あなたは不適格であることが判明したので、本採用しないことにした」と言われました。
Eさんとしては、試用期間として採用されたにすぎないのだから、あきらめるしかないのでしょうか。

(1) **試用期間の意味**　多くの企業では、正社員の採用にあたって、1か月ないし6か月の試用期間を設け、試用期間中に当該労働者の人物、能力を評価して本採用とするか否かを決定する制度をとっています。

そして、この試用期間中は、「会社は都合により解雇をなしうる[8]」「社員として不適格と認めたときは解雇できる[9]」などとされていることが多いのです。

→8・9　仮に、就業規則や労働契約などでこのような規定が定められており、企業が労働者を使用期間中に解雇したり本採用を拒否したりすることについて広範な裁量を有しているように見受けられる場合であっても、後述のような制約があることになります。

(2) **試用期間中の労働関係の法的性質**　試用期間中の労働関係の法的性質について、判例（三菱樹脂事件・最大判昭48年12月12日）は、解約権留保付労働契約とみています。

(3) **本採用拒否、試用期間中の解雇の適法性**　試用労働関係を解約権留保付労働契約とみると、試用期間中の解雇や本採用拒否が適法であるか否かという問題は、留保解約権行使が適法であるか否かという観点から判断されます。

この点について、前記判例（三菱樹脂事件）は、留保解約権に基づく解雇は通常の解雇よりも広い範囲において解雇の自由が認められるとしつつも、

18　第I部　仕事をはじめる

「留保解約権の行使は、解約権留保の趣旨、目的に照らして、客観的に合理的な理由が存し社会通念上相当として是認されうる場合のみ許される」とし、さらに、「換言すれば、企業者が採用決定後における調査の結果により、または試用期間中の勤務状態等により、当初知ることができず、また知ることが期待できないような事実を知るに至った場合において、そのような事実に照らしその者を引き続き当該企業に雇用しておくのが適当でないと判断することが、上記解約権留保の趣旨、目的に徴して、客観的に相当であると認められる場合には、さきに留保した解約権を行使することができるが、その程度に至らない場合には、これを行使することはできない」という判断を示しています。

このように、試用期間中の解雇や本採用拒否は、企業がまったく自由にできるものではなく、相当程度の制約があることに注意が必要です。これを前提に、展開例3の場合について考えてみましょう。

W社として、Eさんの試用期間中の勤務状態によって、当初知ることができなかった新たな事実を知るに至り、その判明した事実に照らせば、Eさんを引き続き雇用することが適当でないといえる具体的事情があるのであれば、W社がEさんについて本採用拒否することは、許されることになりそうです。

しかしながら、Eさんの上司がEさんに理由として告げた「あなたが不適格であることが判明した」というのは、何をもって不適格なのかが不明ですし、それがEさんの試用期間中の勤務状態によって初めてW社が知ることができた事実であるかもわかりません。Eさんが上司から告げられたという理由のみで、W社がEさんを本採用拒否することは、許されないのではないかと思われます。

Eさんとしては、なぜ本採用しないのか、その具体的理由を説明するよう、W社に申し入れてはどうでしょうか。

→10 とりあえず働いてもらって、採用するかどうかは試用期間が終わってから判断しよう、という発想は、労働法の世界ではなかなか通用しません。

❷のQ&A：
理解度チェック

新規学卒者が採用内定を一方的に破棄することは許されるの？

採用内定の取消しとは、通常、使用者が採用内定を一方的に取り消した場合の問題です。では、逆に、採用内定を受けた新規学卒者が、採用内定を一方的に破棄することは、法的に問題とされることはないのでしょうか。

まず、採用内定を労働者が一方的に破棄した場合に、労働者が支払うべき違約金を定めたり、損害賠償額を予定する合意をしたりすることは、労基法16条で禁止されています。

なぜなら、このような合意をすることを許すと、労働者の弱みにつけ込んだ異常に高い損害賠償額が定められ、労働者の足止め策となる等の弊害があるためです。

しかしながら、労基法16条は、労働者が支払うべき違約金を定めたり、損害賠償額を予定する合意をしたりすることを禁止しているのであって、使用者のほうに実際に生じた損害について、労働者に対して請求することまでも禁止するものではありません。

したがって、採用内定を受けた新規学卒者が、採用内定を一方的に破棄したことによって、使用者に実際に損害が生じたといえる場合には、新規学卒者が損害賠償義務を負うこととなりそうです。

ただ、1人の新規学卒者が複数の企業から内定を受けることは、一般的な事象であり、採用する企業側のほうでも、一定数内定辞退者が生じることを想定したうえで内定を出していると考えられることから、新規学卒者のほうでよほど信義に反するような行為がない限り、採用内定を一方的に破棄することが法的に問題とされることはないと考えてよいでしょう。

内定に際し、他社には就職しないことを約束させる文書にサインを求められるなど、オワハラ（就職活動終わりハラスメント）の被害を受けたという学生の話はよく聞くところです。仮に、オワハラの被害を受けた場合には、上記にて説明したことを念頭においたうえでこれに対処すべきこととなるでしょう。

3 労働条件はどのように決まるの?

> **設例** Aさんは、近所のガソリンスタンドX社の求人広告に応募し、面接を受けることになりました。面接では、時給1000円、勤務時間は午前9時から午後5時までですが、忙しいときは残業があり、その場合は1割増の1100円が支払われることが採用担当者から説明されました。Aさんは、給料の低さに多少不満があったものの、自宅から近く通勤が楽であることを優先して、この条件に納得し、X社で働くことになりました。
> 　入社後、AさんがAさんが居住する都道府県の最低賃金を確認したところ950円でした。またX社の就業規則をみると、残業時の時給1割増は規定されていましたが、従業員の最低時給は1200円となっていることを発見しました。さらに、労働組合に加入している同僚のBさんの話によると、Bさんの時給は労働協約によって1500円になっているらしいです。
> 　Aさんの時給や残業手当は、本当はいくらになるのでしょうか?

1　労働条件の決定に関するルール

　労働条件とは、労働者が働くうえで、使用者との間で約束をした条件のことをいい、たとえば賃金や労働時間、勤務場所や残業の有無など、皆さんが働く際に重要だと感じるものから、契約期間や職場の安全衛生、職業訓練に関することなど様々なものがあります。

　このような労働条件は、就職面接等の際に、労働者と使用者との合意、つまり個別の労働契約によって決定されていくのが基本です。しかし、労働契約というのは後述のような特殊性があることから、この労働条件の決定の場面において、①個別の労働契約の他にも、②労働基準法（以下、労基法）等の強行法規や③就業規則、さらには④労働協約といったもので修正が加えられ、ここで修正された内容が最終的な労働条件として決定されることがあります。

　以下では、これら4つのルールの内容や関係性について説明をしながら、Aさんの具体的な労働条件がどうなるかについて考えていきましょう。

2　労働契約とは?

　(1) 労働契約とは?　まず、契約というのは、当事者同士の合意により締結するのが原則ですので、労働契約の場合も、雇われる側（労働者）が使用者の指示に従って働く（労務を提供する）ことを約束し、それに対し雇う側（使用者）がその労務提供に応じた賃金を支払うことを約束することで成立します（労働契約法〔以下、労契法〕6条）。この締結の際には、労働者と使用者が個別に交渉して、賃金や労働時間等の労働条件を具体的に合意・設定するのが基本であり、これによって締結された契約のことを「労働契約」といいます。

設例のAさんは、X社の担当者から賃金等の説明を受けて納得をした上で入社していますので、基本的にAさんの労働条件は、ここで合意をした内容となります。たとえば、個人の小さな飲食店などで働く場合は、この労働契約による労働条件の決定が一般的となると思われます。

(2) 民法における雇用・請負・委任契約のちがいと労働契約の特殊性

ちなみに民法では、自らが働いてその報酬を得るタイプの契約として、「雇用」(民法623条)、「請負」(同法643条)、「委任」(同法632条)の3種類が規定されています。本項で扱っている労働契約は、このうちの雇用契約とほぼ同じ意味のものとして考えて差し支えありませんが、残りの請負と委任契約については、労働契約とは異なる点があることに注意が必要です。

請負契約とは、請負人が仕事を完成させ、それに対して注文者が報酬を支払う契約のことをいい、衣服の洗濯を頼まれたクリーニング屋や家の建築を頼まれた大工などが典型例となります。また、委任契約とは、委任者が受任者に対して事務の処理を任せる契約のことをいい、訴訟を依頼された弁護士や土地売却を依頼された不動産業者などがこのパターンとなります。そうすると、これらの契約は、一定の仕事をしてその対価を得るという点においては共通していますが、労働契約がこれらと大きく異なる点として、①仕事中(労務の提供中)に、常に使用者の指揮命令に従わなければならないこと、および②対価としての報酬が、労務時間に対して支払われることが挙げられます。

このうち、特に①の関係から、労働契約においては労働者と使用者の間に常に使用従属関係があるために、立場上、労働者は使用者よりも弱くならざるをえないという特殊な事情が発生するのです。つまり、上記の請負や委任のような一般的な民事契約というのは当事者が対等な関係を想定していますが、労働契約の場合はどうしても会社・使用者側の方がエライものとして、労働者は使用者が決めた労働条件に従わざるをえなくなるため、この一方的な関係を是正することを目的として、上述の様々なルールを用いて、労働者と使用者が合意をした労働条件が労働者にとって不利なものとならないよう

➡1 雇用契約と労働契約
　厳密な意味では、同居の親族のみを使用する事業及び家事使用人については、雇用契約には当たるが労働契約とはならない等の違いがあります(労基法116条2項)。

➡2 偽装請負・委任の問題
　労働者を保護するために制定されている様々な労働法規は、原則として労働契約を締結した労働者に適用されるものです。そのため、実質的には労働契約となる状況で働かせているのに、形式上(契約の書面上)「請負契約」や「業務委託契約」と称して、これらの法令の適用を免れようとする問題があります。しかし実際は、本文中の「指揮命令下の労働」や「報酬の労務対償性」などの状況に照らして、これが「労働契約」か否かが判断されることになりますので、自分の働き方がどうなっているのか注意をすることが大切です(くわしくは、本書❶参照)。

資料❶　労働条件決定における修正のイメージ(ナナメからヨコへ)

3　労働条件はどのように決まるの？　21

な修正が図られることになります。

3 強行法規による修正

　このような契約自由の原則の修正において、第1に挙げられるのが、労基法をはじめとする様々な労働法令の存在です（くわしくは、本書❶参照）。

　たとえば労働契約のうち、労基法の基準に達しない部分は無効となり、無効となった部分は労基法の基準が労働契約の内容となります（労基法13条）。このような違反となる契約を無効とする力を持つ法律のことを「強行法規」といい、このような法令には労基法以外にも最低賃金法など様々なものがあります。また、このような強行法規性は、労働契約のみならず、後述の就業規則や労働協約にも当てはまります（労契法13条）。つまり、労基法等の強行法規によって定められている労働条件は、すべての労働条件の最低基準となるのであって、これに反する内容はどのようなものでも許されないのです。

　設例にあるＡさんの場合、まず時給1000円という賃金設定は、勤務場所のガソリンスタンドがある都道府県の最低賃金（950円）を上回っているため、これが強行法規によって修正されることはありません（最低賃金：本書❹参照）。

　しかしこの場面では、残業手当の決定に問題があります。労基法では、1日8時間・週40時間を超える時間外労働については、2割5分以上の残業代を支払うことが定められています[3]。したがって、この場合、Ａさんの残業手当は時給1000円の1.25倍に当たる1時間当たり1250円（以上）に修正されることとなります。

4 就業規則による修正

　(1)　就業規則とは？　　就業規則とは、賃金や労働時間等の労働条件や、仕事をするうえで労働者が守るべき服務規律[4]等の職場のルールについて、使用者が定めた規則のことをいいます。

　そして具体的な労働契約の内容は、労働者と使用者が個別に交渉を行う中で決定される場合や、労働者に統一的にその内容を決定する場合等が考えられます。この点、現在の日本社会では、4月に一斉に新入社員を迎えるという新規一括採用行っているために、新入社員それぞれと交渉を行うのは時間がかかるばかりか社員ごとの契約内容がバラバラになり会社の労務管理が大変になるといった事情から、会社としては最初から統一した契約内容を提示して、これに新入社員が同意をしてくれれば、皆の労働契約が成立したものとしたいという気持ちが生まれます。また、これは新入社員側としても、具体的な労働条件について会社と交渉をして決定すると言われてもよくわからないことが多いために、会社からその内容を提示してもらい、これに同意をする形のほうが容易に契約を締結できるという気持ちがあることから、日本の雇用関係では、就業規則が非常に重要な位置を占めており、ほとんどの労働者の契約内容（労働条件）は、この就業規則によって決定されることとなります。

　(2)　就業規則における使用者の義務　　このように、就業規則は会社内の労働条件を統一的に設定していると同時に、その内容が労働契約上の権利や義務の根拠となっているという重要な役割を果たすものであるため、これが有効なものと認められるには使用者側にいくつか手続上の義務があります。

　まず、常時10人以上の労働者を使用している事業場[5]では、就業規則を作成

➡3　割増賃金
　労基法37条において、時間外手当、休日手当、深夜手当の割増賃金についてくわしい規定が置かれています（くわしくは、本書❺参照）。

➡4　服務規律
　従業員が守るべきルールや義務のことをいいます（厚生労働省のモデル就業規則第3章中の「遵守事項」。本書⓭の資料❶のQRコードを参照してください）。

➡5　事業場
　事業場とは、企業を構成する単位であり、一定の場所において組織的に関連した事務所・支店・工場・鉱山などの作業の一体のことをいいます。つまり、同じ企業であっても、それぞれ独立して運営されている本社以外の支店や営業所などは、それぞれ事業場として扱われることになります。

22　第Ⅰ部　仕事をはじめる

することが義務付けられています（作成義務）（労基法89条）。また、作成された就業規則は、必ず労働基準監督署に届出をしなければなりません（届出義務）（同条）。さらに、就業規則の作成や変更の際には、必ず従業員の意見を聴くことが求められています（意見聴取義務）[6]（同法90条）。

そして、就業規則には労働者にとって重要な労働条件が設定されるために、その内容につき絶対に書かなければならない事項（絶対的必要記載事項）[7]（労基法89条1号〔並びに以下を除く〕〜3号）と、その会社に制度があれば必ず書かなければならない事項（相対的必要記載事項）（同条1号〔並びに以下〕、3号の2〜10号）があります。また、就業規則で定められる労働条件は、**合理的な**ものでなければなりません（労契法7条）。

最後に、このような手続を経て作成・変更された就業規則は、結局労働者がそれを確認できなければルールとしての意味がないですから、これを労働者に対して周知しなければならない義務があります（周知義務）（労基法106条）。具体的には、①常時各作業場の見やすい場所へ掲示したり備え付ける、②書面を交付する、③社内のパソコン等で確認できるようにする、のいずれかを行うことが使用者に求められています（労基法52条の2）。

（3）**就業規則による修正**　就業規則は、使用者が定めるルールである以上、自らが定めた就業規則の条件に使用者自身も拘束されることになります。つまり、個別の労働契約で就業規則を下回る内容の労働条件を決定したとしても、その内容は無効とされ、無効となった部分は就業規則で定める基準となることが規定されています（**就業規則の最低基準効**）（労契法12条）。このように、あくまで就業規則は労働条件の最低基準を定めるものとしての効果があるものですので、反対に個別の労働契約で決定された労働条件が就業規則の内容を上回っている場合には、労働契約の内容が優先されることとなります。

設例にあるAさんの場合、時給1000円で労働契約を締結しましたが、X社の就業規則では最低時給が1200円となっていますので、Aさんの賃金は就業規則が優先されることとなり、1時間当たり1200円になり、またこれと連動し

➡6　意見聴取義務
使用者は、就業規則の作成または変更について、当該事業場に、労働者の過半数で組織する労働組合がある場合においてはその労働組合、労働者の過半数で組織する労働組合がない場合においては労働者の過半数を代表する者の意見を聴かなければならないとされています（労基法90条1項）。

➡7　絶対的必要記載事項
労基法の規定では、①始業・終業の時刻、休憩時間、休日、休暇、②賃金の決定・計算・支払方法、締切日・支払時期、及び昇給に関する事項、③解雇の事由を含めた退職に関する事項が定められています。

資料❷　労働契約・強行法規・就業規則・労働協約の相互関係

① 強行法規の役割
　→強行法規は、すべてのルールの下支えになる。
　→労働基準法などの強行法規の内容を下回るものは、すべて無効!!
② 労働契約と就業規則の関係
　→労働契約は、就業規則を上回るのは有効。下回るのは無効!!
　（個別合意で特定の労働者が不利な条件に合意してしまうのを防ぐため。）
③ 労働協約と労働契約・就業規則との関係
　→労働協約があるときは、どんな場合も労働契約や就業規則よりも優先する!!
　（ただし、強行法規を下回る内容の労働協約は無効です。）

強　　　　　　　　　　　　　　　　　　　　　　　　　　　弱

労基法など強行法規　＞　労働協約　＞　就業規則　＞　個別の労働契約

て、残業手当についても 1 時間当たり1500円以上に修正されることになります。

また、働いている間に就業規則が変更される、特に労働者にとって不利益になる場合の変更については、さらに使用者に制約が課されることになります（くわしくは、本書❼参照）。

5　労働協約による修正

（1）**労働協約とは？**　　労働契約には、労働者と使用者との力関係に大きな差があるために、個別の交渉では労働者が意見を述べにくかったり主張が通りにくかったりすることがあり、そのため当事者間の合意に対して一定の修正が必要であるという特殊性がありました。そして、この特殊性を打開するための仕組みの 1 つとして、労働組合という存在があります。これは、労働者個人ではどうしても立場が弱くなる使用者との関係を、労働者たちが集団となり労働組合を結成することによって、できる限り対等な関係で交渉を行うことにより、労働者自らの力で正当な労働条件を獲得しようという仕組みであり、基本的人権の 1 つとして保障されている権利でもあります（憲法28条）（くわしくは、本書⓰参照）。

労働協約とは労働組合と使用者が団体交渉した結果、労働条件の改善等の合意が文書でなされたもののことをいいます（労働組合法〔以下、労組法〕14条）。

（2）**労働協約による修正**　　上述のように、労働協約は、使用者が一方的に労働条件の基準を設定する就業規則と異なり、労働組合と使用者の両当事者間の合意によって成り立つ、労働者の意思がより反映されたものであるため、意見聴取などの義務はあるとしても、基本的には労働協約の効力は就業規則よりも優先することとなります。つまり、この労働協約に定めた労働条件その他の労働者の待遇に関する基準に違反する労働契約の部分は無効となり、無効となった部分は労働協約で定める基準となることが規定されており（労働協約の規範的効力）（労組法16条）、さらには就業規則の規定よりも優先されることとなっています。これはつまり、労働協約の規定が就業規則の内容よりも下回っていた場合であっても、当事者間の合意によって決定された事情により労働協約の内容が適用されることになるのです。[8]

また、これまでに扱ってきた強行法規や就業規則は、労働者全体が適用の対象となるものです。これに対し労働協約は、労働組合と使用者との合意により作成されるものであるため、これが適用されるのは、原則としてその労働組合に属している組合員のみに限られることとなります。ただし例外として、事業場内の 4 分の 3 以上の労働者が労働協約の適用を受ける場合には、同じ事業場で働く残りの労働者にも、当該労働協約が適用されることとなります（労働協約の一般的拘束力）[9]（労組法17条）。

したがって設例のＡさんの場合、Ａさんが労働組合に未加入であれば就業規則の規定である時給1200円が適用されますが、もしＡさんがＢさんと同じ労働組合に加入している、もしくはＢさんと同様の労働組合員が同じ職場全体の 4 分の 3 以上を占めているときには、Ａさんにも当該労働協約が適用されて、Ａさんの時給は1500円に修正されます。

6　労働契約・強行法規・就業規則・労働協約の相互関係

ここまで労働条件を決定するための 4 つのルールについて、それぞれの内

➡ 8　有利性原則

労働協約も就業規則と同様に最低基準効がある、つまり労働協約を上回る内容の個別労働契約を締結すれば、それが労働契約の内容となるということを「有利性原則」といいます。日本では、このことについての明確な規定が存在しないためこの原則は否定されるといわれていますが、学説上は議論が分かれている状況です（労働組合について、くわしくは本書⓰参照）。

➡ 9　一般的拘束力

この効力がなぜ認められるかについては学説上さまざまな考え方がありますが、判例は、この労組法17条の目的を「当該労働者の労働条件を統一し、労働組合の団結権の維持強化と当該事業場における公正妥当な労働条件の実現を図ること」と示しています（朝日火災海上保険事件・最判平 8 年 3 月26日）。

24　　第Ⅰ部　仕事をはじめる

容をみてきましたが、最後に、実際にこの4つのルールのうちのどの内容が自分に適用されるのかを判断できるようになるための、これらの強弱・相互関係について確認をしていきましょう。

　まず、労基法をはじめとする強行規定は、この法令で規定する内容が労働条件の最低基準となるため、これを下回る個別の労働契約や就業規則、労働協約の内容はすべて無効となり、強行規定の基準まで引き上げられます（労基法13条）。そのため、従業員の数が10人未満で就業規則が規定されていない（かつ労働協約も存在しない）会社で働く場合には、労働契約の内容が強行法規に違反していなければ、これが自分の労働契約の内容となります。

　次に、働いている会社に就業規則がある場合、まずは労働契約も就業規則も、その内容が強行法規の規定を下回ってはいけないことは先ほどと同様です。そしてさらに、就業規則には最低基準効がありましたから、労働契約の内容が就業規則の内容を下回っている場合には、就業規則の内容が適用されることになり、反対に労働契約が上回っている場合には、労働契約の内容が適用されることとなります。

　そして最後に、労働協約が適用される場合です。つまり、自分が加入した労働組合が会社と労働協約を締結している、もしくは組合に未加入であっても、同じ事業場で働く人の4分の3以上が同じ労働協約の適用を受けているケースです。この場合でももちろん、労働協約の内容が強行法規の内容を下回るときには、これが強行法規の基準まで引き上げられます。また労働協約は、労働条件を決定する際に労働者と使用者が対等な関係で合意をするという労働者側の意思がより尊重される形式をとっているものとなりますので、上述の労働協約の規範的効力により、たとえその内容が他の労働契約や就業規則の内容よりも不利な部分があったとしても（基本的には有利な場合が多いです）、労働協約の内容が優先され、これが自分の労働契約の内容となっていきます。

❸のQ&A：
理解度チェック

うんち 労働条件は、いつ決定されるのか？

　皆さんがこれから仕事やアルバイトをしようとする場合、具体的な賃金（時給）やシフトの時間などが決定されるのはいつになるでしょうか？

　この点、労基法15条は「使用者は、労働契約の締結に際し、労働者に対して賃金、労働事件その他の労働条件を明示しなければならない」としており、具体的な労働条件が確定するのは「労働契約が締結された時」となります。契約というのは、申込みの誘因→申込み→承諾という過程で成立します。これを労働契約に当てはめると、会社からの求人広告＝「申込みの誘因」、この求人に応募すること＝「申込み」となるため、面談等で会社側が採用する旨を伝えたときにはじめて労働契約が成立することになります。つまり、求人広告に書かれた内容が必ずしも労働契約の内容となるわけではないことには注意が必要です。

　しかし、求職者側からすると、求人広告の内容で働けるものと信じて労働契約を締結したのに、実際に働いてみたら条件が違ったとされたのでは、会社側の誠実性が問われることにもなります。そのため、近時の判例では、「求職者は、当然に求人票記載の労働条件が雇用契約の内容となることを前提に雇用契約締結の申込みをするのであるから、求人票記載の労働条件は、当事者間においてこれと異なる別段の合意をするなどの特段の事情のない限り、雇用契約の内容となる」とし、また別段の合意についても当該合意行為が「労働者の自由意思に基づくものと認めるに足りる合理的理由が客観的に存在するか否かという観点からも判断されるべき」として、求職者側に不当な不利益がもたらされることがないよう、会社に契約締結過程における信義則上の義務を課しています（デイサービスA社事件・京都地判平29年3月30日）。

　したがって、求人の内容と異なる労働条件で働かせるためには、会社は、面接等の段階でその旨を必ず伝え、そして求職者が自らの意思でそれに合意をすることが求められますが、あくまでも求人広告の内容は「申込みの誘因」段階であることは変わりませんから、「採用」の通知を受ける面接等の段階で、一つひとつの労働条件を確認していくことが大切になります。

ブラックバイトとワークルール

大学生になってアルバイトを経験したという人も多いでしょう。働いた対価としてお金をもらうというはじめての経験は嬉しいものです。また、自分が働いたことでお客さんに喜んでもらうといった経験は、その後の自分の財産になります。学生時代のアルバイトから多くのことを学ぶことができます。

ですが一方で、「ブラックバイト」の実態も明らかになるようになりました。様々な調査から、大学生が直面している労働環境の問題が浮き彫りになっています。厚生労働省が大学生を対象にアルバイトに関する意識調査をしています（厚生労働省『大学生等に対するアルバイトに関する意識等調査結果について（平成27年11月9日）』、以下「調査」という）。

● アルバイトのトラブル

調査では、学生1000人が経験したアルバイト延べ1961件のうち48.2％（人ベースでは60.5％）が労働条件等で何らかのトラブルがあったと回答しています。アルバイトのトラブルの代表的なものとしては、大きく分けてこの3つです。

1つめは、労働条件が明示されないという問題です。調査では、アルバイトを経験した学生のうち58.7％が、労働条件通知書等を交付されていないと回答しています。労働条件について、学生が口頭でも具体的な説明を受けた記憶がないという人が19.1％もいます。賃金について明示されたとしても、年次有給休暇の日や退職に関する事項、時間外労働の有無、休憩時間等については明示されないケースも多いようです。会社はアルバイトの学生にも労働条件を書面で明示することが求められます（労基法15条）。

2つめは、賃金や労働時間に関する問題です。厚生労働省のアンケートでは、準備や片付けの時間に賃金が支払われなかった（13.6％）、実際に働いた時間の管理がされていない（7.6％）、時間外労働や休日労働、深夜労働について割増賃金が支払われなかった（5.4％）などの経験をしているといいます。「学生のマナー」だとして1時間前から出勤するよう求められ、その時間については賃金が支払われないというケースもあるようです。労働時間が6時間を超えても休憩時間がなかったというケースも多いといいます。

3つめの問題は、シフトや退職に関するものです。採用時に合意した以上のシフトを入れられたり、試験の準備期間や試験期間に休ませてもらえずに試験を受けられなかったという悩みが多いといいます。休ませてもらえず大学の勉強に支障が出るほどアルバイトで働いているケースもあります。また、アルバイトをやめたいと何度も店長に伝えたが、「もう少し考えて」と店長から言われて困っているという話もあります。期間の定めのない場合は、2週間前に予告すれば退職の自由があります（民法627条）。

● どうやって解決していくか

では、アルバイトでこういう問題に直面したとき、どうやって解決していけばいいのでしょうか。

第1は、ワークルールを知って、自分が置かれている状況を理解できるようになることが重要です。ある調査では、働く上でのルールの認知度を尋ねた質問において、「賃金は1分単位で計算される」、「着替えなど準備の時間でも賃金は発生する」、「半年働けば有給休暇が取れる」といったワークルールを知らない人も多いといいます。アンケートに答えた学生の意見として、大学等の入学時のガイダンスでの説明や講演会の開催や高校や大学の授業で教えてほしい、どんな労働条件が違法かを働く側がわかるよう、中学や高校でワークルールを学べるようにしてほしい、といった意見も出されています。

また、会社側もワークルールを理解する必要があります。政府が推進する「働き方改革」とコンプライアンス重視の流れもあり、「ブラック企業」に対する世間の目は厳しくなっています。会社の利益だけを重視するのではなく、労働環境を整備することが、企業価値を高めます。また、人材を長期的に育成することにも大きなメリットがあります。

第2は、コミュニケーション能力を磨くということです。会社の上司とコミュニケーションをとって双方で確認、相談する、職場の仲間同士で休みがとりやすい環境や雰囲気を作る、同僚に相談できる環境を作るといったことが大事です。場合によっては、自分の労働条件をはっきりと主張し、会社の無理な要求については、時には断る勇気も必要でしょう。労働条件に疑問があれば、職場の仲間と話し、問題意識を持つように働きかけることも重要です。職場は自分たちで作るものです。仲間と一緒に会社に疑問点を伝えて、改善を求めていくことで、人間関係を維持しながら働きやすい職場にすることができます。

第3は、相談場所の確保です。現時点では、学生がアルバイトのトラブルを相談できる場所は限られています。調査では、勤務先以外で学生が相談できる場所の整備してほしい、学校が条件を把握・チェックしてほしいといった声もあります。高校や大学では、ワークルール教育を推進するとともに、学生がアルバイトの問題について相談できる場所を確保していくことも重要な課題になります。

● 働く喜びを学ぶ

かつて「会社人間」と言われた日本の会社員ですが、少しずつ仕事への熱意を抱けなくなっているといいます。ワークルールに関する知識と行動力を身につけ、相談できる同僚や上司を作っておくことが大切です。また、みなさんも大人になれば、いずれ部下や後輩をもつことになります。ともに働き、働く喜びを学ぶことが、大人への一歩です。

第 **II** 部

労 働 条 件
…働くときのルール

4 賃金のルールってどうなってるの？

> **設例** Aさんの勤める会社の給料は、毎月20日締めの25日払いと就業規則と労働契約で定められています。Aさんは5月に働いた分の給料を心待ちにしていますが、会社の資金繰りが苦しいという噂があります。

1 賃金の支払いは法律で保護されているの？

Aさんが働くことによって得られるお金は、給料・給与等と呼ばれるものですが、労働基準法（以下、労基法）はこれを「賃金」と定義し、労働者に確実に支払われるような制度を設けています。

(1) 「賃金」とは何か　労基法は「賃金」を「賃金、給料、手当、賞与その他名称の如何を問わず、労働の対償として使用者が労働者に支払うすべてのもの」と定義します（11条）。名称ではなく、「労働の対償」かどうかという実質面を重視し、客観的に判断できる定義づけがされているのです。

「賃金」の定義を具体的にみていきます。まず、「労働の対償」かどうかを考える際には、労働行政実務の、**任意的恩恵的給付**※1、**福利厚生給付**※2、**企業設備・業務費**※3は、「労働の対償」ではないとする考え方が参考になります。これら3つの給付等に当てはまらない労働者への支払いは、「労働の対償」であると考えるべきでしょう。次に、「使用者が労働者に支払うもの」である必要があります。たとえば、ホテルやレストランなどで、顧客が労働者に支払うチップや心付けは、使用者が支払うものではありませんので、「賃金」にはあたりません。

(2) 賃金の支払いの確保とは　労基法は、賃金支払方法の4原則（本章2）を定めるとともに、これに違反する賃金不払いや支払遅延がある場合は、30万円以下の罰金を課しています（120条1号）。

その他、労基法では、休業手当制度（26条、本章5）、出来高払いの保障給（27条）等を定めることで、賃金の保護をしています。また、「賃金の支払の確保等に関する法律」（「賃確法」と略されます）という法律が、使用者が倒産をして賃金の支払いができなくなった場合に、労働者健康安全機構が一定期間の未払賃金の一部を立て替えるという制度を設けるなど、労働者の生活を維持するために手厚い保護をしています。

(3) 賃金請求権の発生について　Aさんの給料は「賃金」として、法律で保護を受けていることが確認できました。ここで、Aさんが賃金を請求できる法的な根拠を確認しておきましょう。

民法は、「雇用は、当事者の一方が相手方に対して労働に従事することを約し、相手方がこれに対してその報酬を与えることを約することによって、その効力を生ずる」と定めており（623条）、労働に従事することとその報酬

※1 任意的恩恵的給付
結婚のお祝い金や病気のお見舞い金のように、使用者が本来支払う必要のない、恩恵的に支払うお金のことをいいます。ただし、労働協約や就業規則等で支給条件が明確に記載されている場合は支払義務が生じますので、任意的恩恵的給付とはいえなくなります。

※2 福利厚生給付
労働者に貸付をすることや、労働者が共同施設を利用できるようにすることのように、労働者の福利厚生のためにする経済的利益の給付のことをいいます。

※3 企業設備・業務費
作業服、交際費のように、使用者が業務を行う上で負担するものをいいます。

※4 未払賃金立替払制度
この制度は、独立行政法人である労働者健康安全機構が、原則として未払賃金額の8割を立て替えるというものです。

である賃金は対価関係にあるものとします（ノーワーク・ノーペイの原則[5]）。

　また、**賃金の支払時期**[6]については、民法では、当事者に特に合意がない場合は、賃金は後払いとし、期間で定めた賃金（月給、週給、日給など）は、その期間が経過する必要があるとします（624条）。そして、Ａさんの会社では、賃金の支払いは、毎月20日締め25日払いとする合意がされていますので、この合意に従って請求することができるのです。

　労働者が賃金請求をするためには、雇用契約があり、労働に従事して、一定期間を経過する必要があることとなります。なお、**賃金請求権の消滅時効**[7]期間は、当分の間３年とされています。

２　賃金の支払方法にはどのようなルールがあるの？

　次に、先ほど出てきた４原則を具体的にみていきましょう。労基法は、労働者が確実に賃金全額の支払いを受けられるように、支払方法について４つの原則を定めています（24条。コラム参照）

　(1)　**通貨払いの原則とは**　　賃金は、通貨で支払わなければならないという原則です。通貨以外の、価格が不明瞭であり換価しなければならない物での支払いを禁止するものです。ただし、労働者の同意により、労働者が指定する本人名義の金融機関の預貯金口座や**賃金移動業者**[8]の口座への支払いは、例外として許容されています。

　(2)　**直接払いの原則とは**　　賃金は、直接労働者に支払わなければならないという原則です。使用者が労働者以外の者に賃金を支払ったものの、その者が中間搾取（ピンハネ）をして、労働者に賃金を全額支払われないことを防ぐための原則です。同趣旨から、未成年者が働いた場合に、親が未成年者を代理して賃金を受領できないとの定めもあります（労基法59条）。

　(3)　**全額払いの原則とは**　　賃金は、その全額を支払わなければならないという原則です。その原則により、使用者が労働者に対して何らかの請求権を有していても、賃金請求権を反対債権とする相殺をすることも許されませ

➡ 5　ノーワーク・ノーペイの原則

　労働者がその意思によって労働に従事しない場合には、対価である賃金は支払われないという原則です。たとえば、労働者がストライキを行った場合、ストライキの期間中に対応する賃金の請求をすることはできません。

➡ 6　賃金の支払時期

　会社によって様々ですが、締め日と支払日によって定められているのが通常です。設例だと、前月21日から当月20日までの賃金が当月25日に支払われます。また、毎月末日締め当月20日払いと定められている会社だと、その月の１日から末日までの賃金が20日に支払われます。締め日より支払日が早くなる場合は、一部賃金が前払いされていることとなるのです。

➡ 7　賃金請求権の消滅時効

　令和２年４月１日に施行された民法改正により、退職金以外の賃金請求権の消滅時効が従前の２年から５年に延長されつつ、当分の間３年となりました。これは、時間外割増賃金が未払いとなっている労働者は、最大３年分の割増賃金を請求可能であることを意味します。なお、従前から５年とされていた退職金請求権の消滅時効期間には、変更はありません。

➡ 8　賃金のデジタル払い

　資金移動業者とは、いわゆる「〇〇ペイ」などのキャッシュレス決済サービスを提供する業者等を指します。キャッシュレス決済の普及や送金サービスの多様化が進む中で、資金移動業者の口座へ

✎✐ 賃金全額払いの原則

　賃金の支払方法には４つの原則がありますが、賃金支払いに関するトラブルが起きた際に主に問題となるのは全額払いの原則です。

　労働者が働いた場合に、その対価としての賃金が全額支払われるべきことは当然です。しかし、現実には会社が、税金や社会保険料といった法令で許される、いわば正当な賃金からの控除をするほか、会社なりに正当と考える理由により賃金の全額を支払わない場合が少なからずあるのです。たとえば、労働者が社用車を運転中に交通事故を起こしてしまい、その社用車の修理費用を会社が負担することになったため、その分を賃金から天引きする場合や、会社の経営悪化により人件費を削減すべく一方的に賃金を低くすることを決め、本来よりも低い賃金しか支払わない場合、労働者が10分遅刻をして出勤したため、罰として１日分の賃金を支

払わない場合、様々な場面が考えられます。

　しかし、会社が賃金を全額支払わない理由が法律上正当かどうかは、労使の話し合いによって解決ができなければ、結局裁判をしないとわかりません。理由はともあれ、会社の判断により賃金全額が支払われないことが許されると、労働者が積極的に裁判を起こさざるをえませんが、費用や労力の点からみても労働者には重い負担といえます。

　全額払いの原則は、このような労働者の負担をなくすものといえます。他方で、この原則により、会社は、法令で許される控除を除いて、一旦労働者に賃金の全額を支払うことを強制され、賃金を全額支払いたくない理由があるならばこれを裁判で積極的に争う（労働者に対して何らかのお金を支払うよう請求する）という負担を負うこととなるのです。

4　賃金のルールってどうなってるの？　　29

の資金移動を給与受取に活用するニーズも一定程度みられることを踏まえ、令和5年度から解禁されました。

➡9 労使協定
労基法で規制される一定の事項について、この協定の締結がされた場合には、協定に定める労働条件規制が適法とされます。労使協定は、事業場を単位として、労働者の過半数で組織する労働組合が存在するときはその組合、存在しないときは労働者の過半数を代表する者と使用者との間で締結される必要があります。

ん。たとえば、労働者が会社のお金を横領した場合であっても、会社は労働者に支払う賃金と横領による損害賠償を相殺することはできないのです（相殺ではなく、別途請求することは可能です）。例外的に、法令で別段の定めがある場合、過半数労働組合等との協定がある場合には、賃金の一部を控除して支払うことが許されています。

（4）**毎月1回以上一定期日払いの原則とは**　賃金は、毎月1回以上、一定の期日を定めて支払わなければならないという原則です。支払期日の間隔が長すぎたり、支払日が一定しないことは労働者の生活を不安定にするため、これを避けるために定められています。

3　賃金から何のために天引きされるの？

■展開例1　Aさんの給料は、5月25日に預金口座に振り込まれ、会社から給料明細書（資料❶）が渡されました。Aさんは、給料は額面で22万円、交通費別途と言われていましたので、その金額がもらえると思っていましたが、税金等の天引きがされたため、実際は19万6895円しかもらえませんでした。このような天引きがされるのはなぜなのでしょうか？

ここでは、賃金には額面額と、税金等が控除された後の実際の手取額があることを確認しましょう。

（1）**全額払いの原則の例外について**　使用者が、労働者に支払うべき賃金から税金等を天引き（控除）することは、法令に基づくものとして、全額払いの原則の例外として許容されます。所得税・住民税と健康保険料・介護保険料・厚生年金保険料・雇用保険料は法律で天引き項目とされており（これを「法定控除」といいます）、天引き分は国や地方公共団体に納付されます。

他方で、税金・社会保険料以外に、使用者が労働者の賃金から天引きをすることがあります。使用者にもよりますが、寮・社宅の使用料、組合費、親睦会費、財形貯蓄等があり、前述の労使協定が取り交わされていれば、全額払いの原則の例外として許容されるものです。

➡10 源泉所得税
使用者が、労働者を雇用して賃金を支払う場合には、原則として、その支払いの都度、支払う賃金額に応じた所得税を差し引くことになっており、これを源泉所得税といいます。

（2）**法定控除後の実際について**　たとえば、源泉所得税は、使用者は労働者の賃金の額に応じた源泉所得税を天引きし、毎月まとめて翌月10日までに税務署に納付します。月々納めた源泉所得税は、12月に1年分の税金を再計算して差額を精算することとなります（これを「年末調整」といいます）。

また、健康保険料は、5月分の保険料は翌6月支給分の賃金から天引きし、使用者は6月末日までに納入します。他方で、雇用保険料は、5月に使用者が前年の実績をもとに1年分を概算で労働保険料と一緒に前払いをし、1年後に実際の雇用保険料との差額を精算します。

このようにAさんから天引きされた税金・社会保険料は、法律に従って使用者によりそれぞれの官公署に納付されているのです。

4 ボーナスや退職金って必ずもらえるの？

■展開例2　5月分の給料は支払われましたが，会社の資金繰りはなお思わしくないようです。今年はボーナスが出ないのではないかという噂もありますし，転職を考えている先輩は退職金の支給について心配をしています。Aさんは，ボーナスと退職金がもらえるのでしょうか？

（1）**賞与をもらう立場にあるのか**　Aさんが賞与（ボーナス）の支給を受けられるかは，会社にその支払義務があるかどうかによって決まります。一般的に，賞与は，就業規則等において，夏季と年末（冬季）の2回に分けて，支給時期と賞与の決定方法（たとえば，「組合と交渉して定める」，「会社の業績等を勘案して決定する」等）が定められています。賞与が，労働協約・就業規則・労働契約によって，その支給基準が明確に定められていれば，労働者の賞与の請求権が認められ，使用者はその支払義務を負うこととなります。

　よって，Aさんの会社が，就業規則等において賞与についてどのような定めを設けているか次第となります。

（2）**退職金はどうだろうか**　退職金には，賃金の後払い的性格と**功労報償的性格**があるといわれていますが，「賃金」かどうかは賞与と同じように
➡11
考えることとなります。一般的には，就業規則等において退職金制度が設けられ，その制度では自己都合退職と会社都合退職が区別されて，勤続年数に応じた支給基準が設けられる（会社都合退職のほうが，支給率が高い傾向にある）等の設計がされており，使用者が支払い義務を負うこととなります。

　しかし，退職金制度が設けられていない企業も少なからずあり，制度がない場合は，たとえ過去に退職金を支給した実績があったとしても，あくまでも任意的恩恵的給付にすぎず，労働者が権利として請求することはできません。Aさんは，就業規則等をよく調べる必要があるでしょう。

➡11　**功労報償的性格**
　労働者として在職していた間の，会社に対する長年の貢献・労働の価値に対する評価に基づく対価の性質を意味し，退職金の1つの性質とされています。

・・

資料❶　給与明細書例

給与明細書　　令和○年5月分
001-001　　　　A　　様　　　　　　　○○○○株式会社

勤怠	要勤務日数	出勤日数		事故欠勤日数	病気欠勤日数		有休消化日数	有休残日数	
	20	20		0	0		0	0	
							遅刻早退回数	遅刻早退時間	
							0	0	

支給	基本給	管理職手当	役付手当	家族手当	住宅手当	資格手当	職務手当		
	220,000	0	0	0	0	0	0		
							遅刻早退控除	欠勤控除	課税合計
							0	0	220,000
	非課税通勤							非課税合計	総支給額
	14,000							14,000	234,000

控除	健康保険	介護保険	厚生年金	雇用保険				社会保険合計	
	11,231	0	20,130	1,404				32,765	
	所得税	住民税						税合計	控除合計
	4,340	0						4,340	37,105
記事	振込							差引支給額	
	196,895							196,895	

4　賃金のルールってどうなってるの？　31

5　会社が休業したときに賃金がもらえる！？

■展開例3　Aさんの会社は、大口の取引先から取引を打ち切られて業務量が一時的に激減したため、6月のみ毎週水曜日の午後は休業することとなりました。6月のAさんの休業時間は16時間になりそうですが、この16時間に相当する給料は支払われないのでしょうか。

（1）**危険負担とは**　ノーワーク・ノーペイの原則に従えば、Aさんが休業により16時間働かなかった場合には、その分だけ賃金がカットされてしまいそうです。しかし、休業となった理由は、Aさんではなく会社側の都合なのですから、Aさんは納得できないでしょう。まず、この問題を、民法の**危険負担**[12]制度から考えてみましょう。

この展開例3において、危険負担制度を適用するにあたっては、労務提供を請求できる立場にある使用者が債権者、労務提供義務を負う労働者が債務者となります。危険負担制度では、債務者である労働者が危険を負担する、つまり、賃金請求はできません。しかし、債権者である使用者の「責めに帰すべき事由」により労働者の労働義務が履行不能になった場合、使用者は賃金請求を拒絶することができないこととなります（民法536条2項）。具体的な経緯を踏まえて、取引打切りが会社の「責めに帰すべき事由」とはいえないときは、Aさんは会社に対して賃金請求ができません。

（2）**休業手当とは**　労基法は、「使用者の責に帰すべき事由による休業の場合においては、使用者は、休業期間中当該労働者に、その平均賃金の100分の60以上の手当を支払わなければならない。」と定めています（26条）。この手当は休業手当と呼ばれており、労働者の最低生活を保障するものです。

民法536条2項と労基法26条との関係については、労基法26条の「責に帰すべき事由」は、民法536条2項の「責めに帰すべき事由」よりも広く、民法上の「責めに帰すべき事由」には含まれないような経営上の障害も、不可抗力に該当しない限りはこれに含まれると考えられています。

Aさんの場合、仮に、民法536条2項に基づく賃金請求ができなかったとしても、少なくとも労基法26条の「責に帰すべき事由」にはあたるといえますので、休業時間に相当する賃金の6割を休業手当として会社に請求できるでしょう。

6　同一労働同一賃金って何？

■展開例4　Bさんは、労働契約の期間を1年とするパートタイマーです。正社員であるAさんとほぼ同じような仕事をしているのですが、だいぶ賃金条件が異なります。同一労働同一賃金の原則に反するのではないでしょうか。

無期雇用労働者である正社員と有期雇用労働者との労働条件については、均衡・均等待遇が求められます。

まず、均衡待遇について、パート有期法（本書❶[12]参照）は、事業主は、その雇用する短時間・有期雇用労働者の基本給、賞与その他の待遇のそれぞれについて、当該待遇に対応する通常の労働者の待遇との間において、当該短時間・有期雇用労働者と通常の労働者の業務内容（職務の内容）、配置の変更の範囲、その他の事情のうち、その待遇の性質やその待遇を行う目的に照

---

[12]　危険負担
　危険負担とは、双務契約において、債務者の責めに帰すべき事由によらないで債務が履行不能になった場合に、その反対債務が消滅するかどうかという問題です。
　危険負担制度は、債務者（この例では労働者）に落ち度がなく、債務の履行ができなくなった場合に、債務者がそのリスク（危険）を負担する、つまり、労働者は賃金を請求できないものとします（民法536条1項、債務者主義）。

[13]　ハマキョウレックス事件
　最判平30年6月1日。トラックの配車ドライバーとして有期労働契約を締結した契約社員が、職務内容が同じである正社員に支給さ

らして適切と認められるものを考慮して、不合理と認められる相違を設けることが禁止されています（同法8条）。また、均等待遇については、事業主は、通常の労働者と同視すべき短時間・有期雇用労働者については、短時間・有期雇用労働者であることを理由として、基本給、賞与その他の処遇のそれぞれについて、差別的取扱いを禁止しています（同法9条）。このような均衡・均等原則は、日本版同一労働同一賃金といわれるものであり、その解釈の明確化のために、ガイドラインが策定され、待遇の相違が不合理と認められるか否かの原則となる考え方や具体例が示されています。

加えて、短時間・有期雇用労働者から求めがあったときは、事業主は待遇決定に際しての考慮事項について、説明をしなければなりません（同法14条2項）。均衡・均等原則に違反をし、これが故意または過失に基づく場合には、不法行為を構成し、待遇差（賃金差額）相当額の損害賠償責任を負うこととなります。

近年の最高裁判例では、次のように、具体的な待遇の相違について不合理か否かの判断が示されています。①皆勤手当、無事故手当、作業手当、給食手当、通勤手当の不支給を不合理とした例〔ハマキョウレックス事件¹³〕、②定年後に再雇用された嘱託乗務員に対する基本給等の相違が不合理とはされなかった例〔長澤運輸事件¹⁴〕、③アルバイトに対する賞与の不支給が不合理とはされなかった例〔大阪医科薬科大学事件¹⁵〕、④契約社員に対する退職金の不支給が不合理とはされなかった例〔メトロコマース事件¹⁶〕、⑤年末年始勤務手当、扶養手当等の不支給等を不合理とした例〔日本郵便事件¹⁷〕。

本問のBさんの待遇が不合理かどうかは、職務の内容、職務の内容及び配置の変更の範囲（人材活用の仕組みや運用など）、その他の事情を踏まえて判断されることとなります。

れる一定の手当が支給されないのは不合理であるとして提訴した事件です。

➡14　長澤運輸事件
本書❽➡5参照

➡15　大阪医科薬科大学事件
最判令2年10月13日。3年強勤務して退職したアルバイトが、正社員と異なり賞与が支給されないことは不合理である等として提訴した事件です。原審の大阪高裁は、少なくとも正職員の6割相当の賞与を支給しないことは不合理と判断しましたが、最高裁はこれを破棄しました。

➡16　メトロコマース事件
最判令2年10月13日。駅構内の売店業務に10年強従事してきた契約社員が、退職金が支給されないこと等は不合理であるとして提訴した事件です。原審の東京高裁は、少なくとも正社員の4分の1相当の退職金を支給しないことは不合理と判断しましたが、最高裁はこれを破棄しました。

➡17　日本郵便事件
最判令2年10月15日ほか。郵便局等の一般的な業務に従事している時給制又は月給制契約社員が、正社員との労働条件の相違が不合理であるとして提訴した事件です。

❹のQ&A：
理解度チェック

　最低賃金制度

最低賃金制度とは、国が、賃金の最低額を定めて、使用者に対してその遵守を強制する、最低賃金法に基づく制度です。本来、賃金額をどうするかは労働者と使用者との間の交渉・協議を経た合意にゆだねられるべきものですが、著しく低額な賃金の設定によって当該労働者が生活に困窮すること、ひいては社会全体に悪影響が生ずることを避けるために、賃金の最低額を定めることとされました。

最低賃金には、地域別最低賃金と産業別最低賃金があります。地域別最低賃金とは、産業や職種にかかわりなく、各都道府県の事業場で働くすべての労働者とその使用者に対して適用される最低賃金です。中央最低賃金審議会が目安額を審議・提示し、地方最低賃金審議会の審議・答申により都道府県ごとに最低賃金額が決定されます。他方で、特定（産業別）最低賃金は、特定の産業について設定されている最低賃金です。

最低賃金法は、使用者に最低賃金額以上の賃金の支払義務を認めるとともに、最低賃金額に達しない賃金額の合意は無効とし、無効部分は最低賃金と同様の定をしたものとみなす、と定めます（4条）。たとえば、地域別最低賃金が1000円である地域の労働者が時給を800円とする合意をしても、使用者は時給として1000円を支払わなければならなくなります。また、地域別最低賃金以上の賃金を支払わない使用者は、50万円以下の罰金刑に処せられると定められています（同法40条）。

自分の賃金は気になるでしょうし、毎年10月頃に最低賃金額が変動する傾向にありますので、これを機会に最低賃金額を確認してみてはいかがでしょうか。

5 バイト時間が長すぎる!?

> **設例** 大学生のAさんは某市内のレストラン・チェーン店の厨房でアルバイトとして働いています。バイトに応募したとき店長から、勤務は水曜日から金曜日まで週3日、勤務時間は2交代制で日勤は午前10時から午後5時まで、夜勤は午後5時から午後10時まで、ラストオーダー午後9時半、休憩時間は45分と説明を受けました。しかし、実際は人手不足で土日や祝日も含め週7日間毎日出勤する状態です。日勤・夜勤の通し勤務シフトも続いています。休憩時間も昼食をとるために15分程度は休めますが、それ以外はずっと働き通しです。こんな働かせ方は許されますか？

1 労働時間規制の基本枠組みはどうなっている？

（1）**法定労働時間** 労働時間は賃金と並んで最も重要な労働条件です。労働基準法（以下、労基法）も労働時間について、使用者は、労働者に、休憩時間を除き1週間について40時間を超えて労働させてはならず、1日については休憩時間を除き8時間を超えて労働させてはならない、という規定（「1週40時間・1日8時間」の原則）を設けて労働者の保護を図っています。これは法律が定めた労働時間の上限規制ですので法定労働時間の規制といわれており、週休2日制を想定した規制といえます。もし、仮に法定労働時間規制に反して、労働契約や就業規則で1週50時間、1日10時間という労働時間を設定しても**労基法の強行的・直律的効力**により1週40時間、1日8時間に短縮される扱いとなるわけです。なお、この規制はあくまで労働時間の上限規制ですので1日の**所定労働時間**を7時間、週の労働時間は35時間ということでも問題ありません。設例のような働き方は1日8時間の法定労働時間規制に反していますし、1週40時間の法定労働時間規制もはるかにオーバーしていることが窺えます。したがって、このような働かせ方は労基法の労働時間規制に反するといえそうですし、学業にも支障が出てしまいます。もっとも、法定労働時間規制については一定の要件を備えることで、使用者は法定労働時間規制を超えて労働者に労働をさせることができます（次頁コラム参照）。この点は後でくわしくみていくことにします。

（2）**休憩時間** 使用者は、労働時間が6時間を超える場合には少なくとも45分、8時間を超える場合には少なくとも1時間の休憩時間を労働時間の途中に与えなければならないとされています（労基法34条1項）。

休憩時間とは、労働から完全に解放された時間をいいます。設例のように朝10時から夜の10時まで働かせて、休憩時間を45分しか与えないというのは休憩時間付与の原則に反し違法ということになります。さらに設例ではわずか45分の休憩時間も満足に与えられておらず、実際に労働から完全に解放さ

▶1 **労基法の強行的・直律的効力**
　労基法13条に規定されている効力であり、労基法の定める基準を下回る労働条件を合意しても無効であり（強行的効力）、無効となった部分は労基法が定める基準がそのまま契約内容となる（直律的効力）ことをいいます。

▶2 **所定労働時間**
　事業場内での通常の勤務時間として決めるべき労働時間のことです。始業時刻から終業時刻までの勤務時間のうち休憩時間を引いたものです。所定労働時間は就業規則に必ず記載しておく必要があります（労基法89条1号）。

れているのは昼食のための15分にしかすぎません。この場合、使用者は休憩時間付与義務の不履行となり、そのために労働者が被った肉体的・精神的苦痛について使用者は慰謝料の損害賠償責任を負わせられる可能性があります（住友化学事件・最判昭54年11月13日）。

また休憩時間中の外出も原則として自由であり、使用者が外出について一定の制約を加える場合（届出制など）には合理的理由が必要です。さらに、休憩時間には同僚に気兼ねすることなくリフレッシュできるように、原則として休憩は一斉に与える必要があります。ただし一斉休憩が困難な事業や**事業場**の**労使協定**で例外を定めた場合は別の取扱いが可能です。そして休憩時間は労働者が自由に利用できるのが原則ですから、休憩時間の利用に関して使用者が正当な理由もないのに口を差しはさむことは許されません。

(3) **休日**　使用者は、労働者に対して、毎週少なくとも1回の休日を与えなければなりません（労基法35条1項）。もっとも、毎週1回休日を与えるのが難しい場合には、4週間を通じて4日以上の休日を与えることでもよいとされています（同条2項）。ただこの場合には就業規則等で4週間の起算点を決めておく必要があります（労基法施行規則12条の2第2項）。ちなみに法律（国民の祝日に関する法律）で祝日が定められていますが、1週間に1日休日を与えている場合に、祝日を出勤日としても労基法35条1項違反にはあたりません。

また、先ほどお話ししましたが、1日8時間1週40時間の法定労働時間の原則は週休2日制を想定した規制であるため、一般的には1週間に休日が2日間（たとえば土日が休日）設定されている例が多いといえます。この場合、2日間のうちのいずれか一方が労基法35条の定める休日（これを法定休日といいます）であり、それ以外を法定外休日と呼びます。そして、法定休日に労働することを休日労働と呼びます。

(4) **労働時間・休憩の特例**　小規模事業（事業場で常時使用されている労働者の人数が10人未満）のうち、物品の販売等の商業（労基法別表1第8号）、映画

➡3　**事業場**
　事業（事業場も同じ）とは、工場、事務所、店舗のように一定の場所において相互に関連する組織のもとに業として継続的に行われる作業の一体を指します。同じ企業でも本店以外に支店や営業所がありそれぞれが独立した組織として運営がなされている場合には別の事業場として扱うことになります。

➡4　**労使協定**
　労基法その他の法規に基づき、使用者が当該事業場の従業員の代表と結ぶ書面による労使の協定のことを指します。主な労基法上の労使協定には、賃金控除協定（労基法24条1項）、時間外・休日労働協定（同法36条）、計画年休協定（同法39条5項）などがあります。

　残業には2種類ある

　残業と呼ばれるものには、法定労働時間を超えて働いた時間と法定労働時間の範囲内であるが所定労働時間を超えた時間（たとえば、所定労働時間は7時間の場合に、7時間を超えて8時間までの1時間）とがあります。前者は法定労働時間外の労働時間であり労基法はこれを時間外労働として扱い、割増賃金の支払いを義務づける（労基法37条）など一定の規制を及ぼしています。他方、後者は法内残業と呼ばれており法定労働時間の範囲内であるため、三六協定の締結・届出や割増賃金の支払いは労基法によって義務づけられてはいません。ただし、法内残業については、働いている以上、通常の労働時間の賃金（先ほどの例でいうと、1日の法定労働時間までの1時間分の時間単価）を支払う必要があることは当然です。

　休日労働についても同じことがいえます。すなわち、法定休日は週1回付与されるということですので、たとえば土日を休日と定めて週休二日制を採用している会社では、土曜日か日曜日のいずれか一方が法定休日、もう一方は会社が設けた所定休日ということになります。所定休日に労働させる場合には、当該労働が週40時間労働の範囲内にある場合（所定労働時間が1日7時間の会社において土曜日5時間出勤した場合など）には三六協定の締結・届出や割増賃金の支払いは不要となります。もちろん、所定休日に働いた時間に見合う通常の労働時間の賃金の支払いは必要です。

　なお、労基法はあくまで最低基準ですから、就業規則などで法内残業についても割増賃金を支払うと規定している場合には、これが契約内容となりますので法内残業についても割増賃金の支払いを求めることが可能となります。

の映写、演劇その他の興業事業（同10号）、保健衛生事業（同13号）、旅館、料理店、飲食店その他接客娯楽業（同14号）では、1週間44時間（ただし1日8時間）まで労働させることができるという例外が設けられています（労基法施行規則25条の2第1項）。また休憩についても事業の性格から原則通りに休憩時間を与えることができない場合に、一斉休憩や休憩の自由利用などについて例外を設けています（労基法38条2項但書・40条、労基法施行規則31条・32条・33条）。

2　どこまでが労働時間なの？

■展開例1　Aさんは厨房で仕事をしはじめる前に、更衣室でバイト先から支給される白衣に着替え、念入りに手洗いを済ませ、健康状態チェック表にその日の健康状態を書き込む作業を行います。これらは始業時刻前に必ず済ませておくように指示されており、これらを済ませない限りは厨房での作業をさせてもらえません。そのためバイト先には少なくとも10分前には到着している必要があります。始業開始前の10分間も労働時間にあたるのですか？

（1）**労働時間の概念**　　労働時間とはどこまでを指すのかという点について、法律は特に規定を設けていません。職場で所定労働時間内に仕事に従事している時間が労働時間だろうということは常識的に理解できるでしょう。しかし、設例のように働く現場では始業時刻前に一定の準備をすることが義務づけられたり、終業時刻後に掃除や後片付けなどを義務づけられている場合もありえます。ではこれらに要した時間は労働時間に該当するのでしょうか。前述のように労基法は法定労働時間を定めていますが、一定の要件のもとで法定労働時間を超えて働くことを許容し、その代わり法定外の労働時間については**割増賃金**の支払い（労基法37条）を必要としています。このような労基法の適用を受ける労働時間のことを「労基法上の労働時間」と呼び、単に労働時間といった場合には通常は「労基法上の労働時間」を指していると理解してください。

判例は更衣時間や作業準備の時間などが労働時間に該当するかが争われた三菱重工長崎造船所事件（最判平12年3月9日）において、労基法上の労働時間とは、労働者が使用者の指揮命令下に置かれている時間をいい、その労働時間に該当するかどうかは客観的に判断するとしています。そして、労働者が業務の準備行為等を事業所内で行うことを使用者から義務づけられたり、余儀なくされているときは、それが所定労働時間外において行うように指示されているとしても、特段の事情のない限り、労基法上の労働時間に該当するとしています。労働時間か否かを考えるにあたっては、この判例の考え方を理解することがとても重要です。

（2）**仕事の準備時間と労働時間**　　設例でも始業時刻前に白衣への着替え、手洗い、健康チェック表への記入などを義務づけられていますので、これらに費やした時間はたとえ10分であっても労働時間となります。

（3）**手待ち・仮眠時間と労働時間**　　労働者が使用者の指揮命令下に置かれているならば実作業に従事していない時間であっても労働時間に該当します。通常の業務よりも労働密度の薄い**手待ち**時間も労働時間となるわけです。設例との関係では、仮に使用者が労働契約や就業規則等で正午から12時45分までを休憩時間と定めていても、当該休憩時間中も顧客の注文に応じて

➡️ 5　割増賃金

使用者は法定の基準を超えて時間外労働・休日労働をさせた場合、通常の労働時間または労働日の賃金の計算額の2割5分以上5割以下の範囲内で命令で定める率以上の割増率を乗じた賃金を支払う必要があるとされています。

➡️ 6　労働時間の把握・管理の方法

厚生労働省は、平成29年1月20日に、把握すべき労働時間の考え方を示しつつ、労働時間を客観的に把握すべきとするガイドライン（「労働時間の適正な把握のために使用者が講ずべき措置に関するガイドライン」（基発0120第3号））を公表し、労働時間の適正な把握のために使用者が講ずべき措置を具体的に明らかにしています。すなわち、使用者には労働時間を適正に把握管理すべき責務があるとして、始業・終業時刻の記録方法は、タイムカード、ICカード等による客観的記録等を用いて行うべきとし、自己申告制の場合は労働時間の実態が正しく申告されるよう使用者において一定の対応をとるべきことを求めています。

➡️ 7　労働時間把握の単位

理論的には、1秒単位で把握するということになりますが、そのような対応は非現実的です。そこで、通達（昭63年3月14日基発150号）は、時間外労働の時間計算について、「月間」の合計時間における30分単位の四捨五入で、30分未満は切捨て30分以上は1時間とすることができるとしています。しかし「日々」の労働時間は、分単位で把握することになるので、たとえば、1日単位で30分未満の労働は切捨てで労働時間とみなさないという取扱いは許されません。

36　第Ⅱ部　労働条件

調理業務をする必要がある場合には、それは労働時間となります。またビル管理人等の仮眠時間は、その時間中も警報等への対応を義務づけられている限り労働時間にあたるといえます（大星ビル管理事件・最判平14年2月28日）。

（4）**自己研さんと労働時間**　　労働者が自主的に参加する自己啓発等の時間が労働時間に該当するかも問題となります。特に新入社員などが職場に居残って仕事を覚えるために勉強したりするということはよくあることです。行政解釈では「使用者が自由意思によって行う労働者の技能水準向上のための技術教育を、所定就業時間外に実施」することが時間外労働となるかについて「労働者が使用者の実施する教育に参加することについて、就業規則上の制裁等の不利益取扱による出席の強制がなく自由参加のものであれば、時間外労働にはならない」（昭26年1月20日**基収**2875号）とされています。問題なのは真に「自由参加」といえるかどうかであり、就業規則等で不利益処分が予定されていなくとも、**考課査定**によりマイナス評価を受けるとか、参加しないと業務遂行に支障が生ずるような場合には自由参加といえない可能性が高いでしょう。

（5）**職場の先輩の私用を足すのは労働時間か**　　たとえば、あなたが新入社員だとして、休憩時間中に大学時代の学生寮の先輩であり同じ職場の上司でもあるBさんから「腹減ったから、パン買ってこい」と命令されて使い走りをさせられた場合、この時間は労働時間といえるでしょうか。職場の上司からの指示という点に着眼すると、パンを買いに行かされた時間は指揮命令下にある時間といえなくもないですが、これは純粋に上司の個人的な用を足しているにすぎず、これに要した時間を労働時間とみて会社が賃金を支払うのはおかしいのではないかと感じるでしょう（これがパワハラに該当する可能性はあります）。労働時間といえるためには会社の業務と一定の関連を有することがらの対応のために費やされた時間であるという側面も重要です。

➡8　基　収
行政通達の名称の1つであり、労働基準局長が疑義に答えて発する通達を指します。その他の行政通達の名称には労働基準局関係の次官通達である発基、婦人局関係の次官通達である発婦、労働基準局長名で発する基発があります。

➡9　考課査定
職務の遂行度、業績、能力を評価しこれを人事管理に反映させる仕組みを人事考課といい、この人事考課により得られた評価を考課査定といいます。考課査定を反映して賞与の有無や金額、昇進昇格などが決定されたりします。

・・

資料❶　三六協定書サンプル

5　バイト時間が長すぎる!?　37

3 時間外・休日労働と割増賃金の関係はどうなっているの？

■展開例2　大通店では従業員の出退勤と労働時間はタイムカードで管理しており、店長は給料計算の際にタイムカードの打刻時刻をパソコンに打ち込むのですが、休憩が15分くらいしかとれていなかった分は調整され、休憩を45分間取得した扱いとされてしまっています。

（1）**法定労働時間の例外**　労基法は一定の臨時的な必要が生じた場合に法定労働時間の原則や休日付与の原則を修正し、時間外労働や休日労働を許容しています。具体的には①天災地変といった災害などの非常事由等に基づく場合（労基法33条）、および②労使協定（三六協定）が締結され、届け出られた場合（同法36条）が必要とされます。

（2）**時間外・休日労働を命じるための要件**　時間外・休日労働を命じるには、前述した三六協定の締結・届出だけでは労基法の違反を問われないという効果しかありません。したがって、使用者が労働者に時間外・休日労働を命じるには契約上労働者がこれに従わなければならない根拠が必要となります。労働者の同意がない限り使用者は時間外・休日労働を命じられないという考え方も有力でしたが、判例は就業規則に時間外労働義務を定めた規定がある場合、それが合理的なものである限り、労働者はこれに基づいて時間外労働を行う義務を負うとしています（日立製作所武蔵工場事件・最判平3年11月28日）。ところで時間外労働・休日労働でぜひとも覚えていただきたいのは時間外労働には罰則付きの上限があるということです。すなわち、働き方改革法に基づく労基法36条の改正により、三六協定で定めなければならない事項が整理・追加されるとともに（労基法36条2項）、時間外労働の上限規制が全面的に見直されました。そして労使協定（三六協定）による時間外・休日労働について罰則付きで時間外労働の上限規制を設定しました（従来の限度基準を告示から法律の本則に格上げして規制を強化しました）。くわしくは第Ⅱ部末のコラムを参照してください。

（3）**時間外労働・休日労働の効果**　使用者が時間外労働または休日労働をさせた場合には割増賃金の支払いが必要となります。具体的な割増率を定めている割増令では通常の日の時間外労働の場合は2割5分、休日労働が3割5分、**深夜労働**は2割5分以上とされています（労基法37条4項）。また、1か月の時間外労働の時間数が60時間を超えた場合はその部分の割増率は5割以上とされています（同条1項但書）。たとえば、時給1000円の場合、1日の労働時間が8時間を超えた場合（9時間目）からは、2割5分増1250円が支払われ、これが深夜時間帯に及ぶとさらに2割5分が加算され、使用者は1500円を支払う必要があります。

（4）**固定残業代制度と有効要件**　時間外手当込みの賃金は労働者にとって何時間分いくらの割増手当があらかじめ支払われているのかわかりにくいものもあるため、所定労働に対する賃金と時間外労働に対する対価（割増賃金）を明確区分することが必要とされています。最高裁は基本給組み込み型か定額の手当を支給する場合かにかかわらず明確区分が必要であると判示しています（医療法人社団Y事件・最判平29年7月7日、その他に高知県観光事件・最判平6年6月13日、テックジャパン事件・最判平24年3月8日、国際自動車事件・最判令2年3月30日等）。

➡10　三六協定（サンロク協定またはサブロク協定と読む）

　労基法36条に定められている労使協定であり、時間外労働・休日労働を命じる前提として、使用者が事業場の従業員を代表する者との間で、どのような事由が生じた場合に、誰に、どの程度時間外労働や休日労働をさせることがあるかを取り決め、所轄労働基準監督署長に届け出るものとされています。

➡11　深夜労働

　午後10時から午前5時まで（厚生労働大臣が必要であると認める場合においては、その定める地域または期間については午後11時から午前6時まで）の間における労働を指します。

➡12　固定残業代制度

　一般に固定残業代制度とは時間外・休日・深夜の割増賃金を基本給などに組み込んで支払う方法を指します。これには①基本給組み込み型と②一定の手当を固定的な時間手当として支払うものがあります。

4 管理監督者に対する労働時間の取扱いは通常の場合と異なるの?

■展開例3 店長は「俺たち管理職には時間外や休日労働は当たり前で、長く働いても給料が増えるわけじゃないんだ」とぼやいています。

(1) 管理監督者とは　労基法は部長や工場長などのように、労働者の労務管理について経営者と一体的な立場にある者については、その職務の性質上通常の労働者と同じ時間規制にはなじまないといえます。そこで労基法41条はこうした管理監督者に対しては法定労働時間規制および休憩並びに休日付与の原則の適用を除外しています。なお、深夜労働については適用除外の対象外であり管理監督者が深夜時間帯に労働した場合には深夜割増賃金を支給する必要があります(ことぶき事件・最判平21年12月18日)。また管理監督者であっても年次有給休暇は付与されます。

(2) 店長ならば管理監督者なのか　そもそも労基法41条は一定の権限をもち、高い待遇を受けて、出退社について一定の裁量をもって働いている労働者に対しては厳格な労働時間規制を及ぼさなくともその保護に欠けるところがないために、管理監督者を適用除外としたわけです。したがって、当該労働者の職務内容、権限、勤務態様、賃金面での待遇などに着眼し、実態に即して経営者と一体的な立場にあるといえるか否かを判断していく必要があり、肩書きにとらわれず名実ともに管理監督者と呼ぶにふさわしいかどうかを慎重に判断していく必要があります。十分な権限も待遇もないまま名目上、管理職とされている場合(名ばかり管理職ともいわれます)は、管理監督者には該当せず、これまで説明してきた法定労働時間規制や割増賃金規制の対象となります。なお、法定労働時間規制や割増賃金規制の適用除外制度として、働き方改革法により、高度プロフェッショナル制度(通称、高プロ)が新設されました。この制度のくわしい内容については第Ⅱ部末のコラムを参照してください。

❺のQ&A:
理解度チェック

多様な働き方と労働時間規制

法定労働時間の原則による労働時間規制は、1日8時間まで、1週40時間までという定型的な規制であるため、日々決まった時間帯に一定の労働時間働くという労働スタイル(いわゆるクジゴジ勤務などと呼ばれる、オフィス勤務で始業9時終業5時といった勤務形態)に適合的であるといえます。

しかし、一定の期間を通じて業務の繁閑がある場合には一定期間を平均すれば法定労働時間の範囲内におさまるのであれば割増賃金の支払いを強いるのは使用者に酷な気もします(例外①)。また外回りの営業のように労働時間の把握が困難な働き方(例外③)、業務の処理に専門性や裁量が必要となる場合(例外④)には日々決まった時間で働くことを義務づけると業務効率を下げることにもなりかねません。かえって労働者の多様なライフスタイルにあわせて出退勤時間(例外②)や業務遂行にあてる時間を労働者自身が自律的に決定できることにしたほうが(例外④)、使用者も労働者もメリットが大きいという場合も存在します。そこで労基法では法定労働時間の規制を多様な働き方に応じて一定の要件のもとに緩和する規定も設けています。これを一覧にすると次のようになります。

原則	1週40時間・1日8時間(労基法32条)	
例外	①変形労働時間	1か月単位の変形制(労基法32条の2)
		1年単位の変形制(労基法32条の4)
		1週単位の非典型的変形制(労基法32条の5)
	②フレックスタイム制(労基法32条の3)	
	③事業場外のみなし労働時間(労基法38条の2)	
	④裁量労働のみなし労働時間	専門業務型(労基法38条の3)
		企画業務型(労基法38条の4)

6 ワーク・ライフ・バランスって何？

設例 会社員のAさんは、職場で出会った妻B子さんと結婚しました。ふたりの間には幼稚園に通う4歳の娘C子さんがいます。Aさんは年老いた母親D子さんと同居しているのですが、雪道で転んで足を骨折してから寝たきりになってしまい、介護が必要になりました。しかも最近、妻がメンタルの不調を訴えるようになり、B子さんは定期的に精神科へ通っています。
　Aさんとしては家族のためにもっと時間をとりたいところなのですが、会社の業績が不振で、Aさんのいる部署も人員削減の対象になりました。人手が足りなくなったためAさんが残業することも多くなっています……。

1　高度経済成長期のライフスタイル

　ワーク・ライフ・バランスを実現させよう！　という声が近年になって強まってきています。Work-Life Balance（以下、WLB）つまり「仕事と生活の調和」を図ることが必要ではないか、との指摘がなされるということは、裏を返せば、現状では仕事のために生活が犠牲となっている例が多いということです。どうしてそのようなことになってしまったのでしょう？　まず最初に、これまでの日本における〈働き方〉を概観しておきましょう。

　日本経済が強かった昭和時代の終わり頃、日本の雇用社会を特徴づける〈三種の神器〉ともてはやされたものは、①企業別労働組合、②年功序列賃金、③終身雇用でした。しかしながらこの雇用システムは、「正社員」という地位を長期的に保障する代償として、企業への帰属を強く要請するものであったといえます。たとえば、正社員であれば全国どこへでも転勤に応じなければならない、という雇用慣行などがその代表的なものでしょう。

　転勤をめぐる著名な事件として**帝国臓器製薬事件**（最判平11年9月17日）があります。この事件は、夫婦で同じ会社に勤めていたところ、夫に対して東京の営業所から名古屋営業所への配転命令が出され、妻子と別居しての単身赴任を強いられたというものです。原告夫婦は「家族生活を営む権利」が侵害されたと主張しましたが、原審（東京高判平8年5月29日）では「家族生活を優先すべきであるとする考え方が社会的に成熟しているとはいえない」現状にあるとして訴えを斥けており、この判断は最高裁でも維持されています。

　家族生活という観点からは**ケンウッド事件**（最判平12年1月28日）も示唆的です。これは、幼児を保育園に預けて働いていた共働きの女性に対し、目黒区の本社から八王子の事業所に異動命令が発せられたという事件です。原告労働者は、通勤時間が長くなって保育園への送迎ができなくなると主張しました。しかし裁判所は、当該異動命令には業務上の必要性があり、労働者が負うことになる不利益は「通常甘受すべき程度を著しく超えるとまではいえない」として、配転命令権の濫用にはあたらないとの判断しています。

1　企業別労働組合
　欧米諸国では、熟練した職人達が地域的にまとまって同じ職種ごとに組合を結成したという成り立ちがあるため、労働組合は産業別・職種別に組織されることが多くなっています。日本では、戦時体制に入った1940（昭15）年には労働組合が解散させられ、国家統制の下で「産業報国会」が結成されました。太平洋戦争が終結した直後の1945（昭20）年から新たな労働組合の結成が始められましたが、その際、産業報国会を基盤として引き継いだ組織が多かったため、日本では企業別の労働組合が多くなったとされています。

2　年功序列賃金
　日本では従来、勤続年数が上昇すれば経験が蓄積されるものと考えて賃金を上昇させ、さらに家族構成に応じて手当を支給するという給与体系が一般的でした（興味があれば「電産型賃金」について調べてみてください）。これに対し、欧米で普及している「職務給」はポストに応じて賃金が支払われるという仕組みです。職務給では、長く勤めたからといって定期昇給はなく、ポストが同じであれば人が変わっても報酬は同じになるのが原則です。

この2つの事件からは、仕事を中心に考える働き方の弊害が、家庭生活への配慮不足として現れていたことが見てとれます（本書❼1参照）。

2　高度成長期型モデルの変容

　契約を基盤とする欧米型雇用であれば、個別の労働契約において勤務条件が具体的になっています。能力の評価基準も企業横断的に設定されており、労働者がどのような職業訓練を経てきているかという経歴と職務（job）、そして職務に見合った賃金とが結びつく雇用体系になっています。このように職務と雇用とが深く結びつく欧米的な雇用システムは〈ジョブ型〉であるのに対し、日本型雇用は職務が定められていない〈メンバーシップ型〉であるとして論じられることもあります。

　メンバーシップ型雇用の問題点としては、評価の基準が不明確であるということが挙げられます。いったい、どれくらい働けば職務を全うしたといえるのか、が労働者自身には判断できないのです。その帰結として、必要以上に頑張りすぎてしまうモーレツ社員を生み出してしまうこととなりました。バブル景気（1986～91年）が崩壊し、「失われた20年」とも称される平成不況の時期になると仕事優先の考え方は徐々に退いていきますが、トレンドが変化した背景には次のような事情もあります。

　(1) **時短政策**　社会の変化をもたらした要因としては、労働時間の短縮（＝時短）に取り組むことが必要になったことが挙げられます。日本が対外輸出で稼いでいた1980年代、日本の貿易黒字は長時間労働という競争上の不公正によって生み出されているのではないか？　という諸外国からの批判にさらされました。そこで日本政府は、貿易摩擦の解消を目指し、労働時間の短縮に取り組み始めます。1986年4月並びに1987年4月の前川リポートを受け、政府は「年間総労働時間1,800時間」を目標に掲げました。

　(2) **過労死問題**　過労死・過労自殺の増加が社会問題となったことも、トレンドを変化させた要因の1つといえます。かつて労災保険法は、脳・心

➡3　**前川リポート**
　日米貿易摩擦を受け、中曽根内閣が設置した私的諮問機関が発表した報告書。座長を務めた前川春雄・元日銀総裁の名をとって、このように呼ばれています。貿易黒字を積み重ねていた日本の経済構造を変えるため内需拡大が必要であって、消費を拡大するためには労働時間の短縮が必要であると説きました。

　労働時間の二極分化

　時短促進法が施行される前の1991（平3）年度には、年間労働時間は2008時間にもなっていました。それが、最近の統計をみる限りでは1800時間あたりにまで減少しており、一見すると時短政策の当初目標は達成されつつあるようにみえます。

　しかしながら新たな問題として、近年では労働時間の長い労働者と短い労働者とに二極分化している傾向が指摘されています。今日では働き方が多様化し、非正規雇用で働く人の割合は2000年代に入ると3割を超えるまでに増大しました。非正規雇用のうち多くを占めるのは労働時間の短いパートタイム労働者ですから、全体平均としては年間1800時間くらいだとしても、フルタイムで働く人だけを取りだしてみればもっと長く働いていることになってしまいます（資料❷参照）。

　ある調査によれば、2009年においてパートタイム労働者の年間総実労働時間は平均1136時間であったのに対し、常用雇用で働いている労働者だけみると1957時間にものぼっていたというのです（小倉一哉「時短」日本労働研究雑誌600号50頁）。労働者の健康を守るという観点からいえば、長時間労働により過重労働になってしまっている人を対象に絞った施策を講じる必要があるところでしょう。

　長時間労働は、メンタルヘルス問題を引き起こすリスクファクターでもあります。厚生労働省が2011年11月にまとめた『精神障害の労災認定の基準に関する専門検討会報告書』では、恒常的な長時間労働（月100時間程度の時間外労働）を心理的負荷の考慮要素として捉えています。

4 基発

行政法でいう「通達」の一種で、厚生労働省労働基準局長から各都道府県労働局長に宛てて発せられたものに付けられる呼び名です。通達は、行政内部でのルールの統一を図るために出されます。

5 脳・心臓疾患の労災認定基準

その後、2021（令3）年9月14日付け基発0914第1号により「労働時間以外の負荷要因」も含めて総合考慮することが明確に示されましたが、「長時間の過重業務」については平成13年の基準が引き継がれています。

6 2つの電通事件

過労自殺をめぐる裁判に対して大きな影響を与えた電通ですが、再び過労自殺事件が起こりました。インターネット広告を担当していた新入社員が、月100時間を超える残業に従事した後に自殺したことについて、労基署は2016年9月30日付で労働災害であったと認定しました。同じ会社で事件が繰り返されたことで、大きな社会問題となりました。

7 1.57ショック

迷信の影響があって、丙午（ひのえうま）の年には出生数が極端に減少するのが通例です。1966年の丙午の際には、合計特殊出生率が1.58にまで下がりました。それが1989年の人口動態統計では、1966年を下回る戦後最低の1.57となったのです。1992年には育児休業法が施行され、1994年には子育て支援計画である『エンゼルプラン』が、さらに1999年には『新エンゼルプラン』が策定されました。さらに、保育サービスの充実だけでは少子化を食い止められないとして、2003年には少子化社会対策基本法が制定されています。

8 男女共同参画社会基本法

第6条では「男女共同参画社会の形成は、家族を構成する男女が、相互の協力と社会の支援の下に、子の養育、家族の介護その他の家庭生活における活動について家族の一員としての役割を円滑に果たし、かつ、当該活動以外の活動を行うことができるようにすることを旨として、行われなければならない。」ことを目標として掲げています。

臓疾患については原則として保険給付の対象としていませんでした。それが1987年からは、日常業務に比して特に過重な業務に就労した場合には循環器疾患についても業務上のものと認められるように行政認定の基準が改められました（昭62年10月26日基発[4]620号）。1999年には「疲労の蓄積」という概念が採り入れられ、発症前1週間以内の業務が過重であったかどうかも考慮されるようになりました（平7年2月1日基発38号）。

過労死を法律的にどう捉えるのかについて大きな影響を与えたのは、2000年に出された一連の判決です。横浜南労基署長（東京海上横浜支店）事件（最判平12年7月17日）で最高裁は、労働者において「他に確たる増悪要因を見いだせない」ような場合には、「発症前に従事した業務による過重な精神的、身体的負荷」が労働者の「基礎疾患をその自然の経過を超えて増悪させ、右発症に至ったものとみるのが相当である」との判断を示しました。

この判決を受けて策定された行政認定基準（平13年12月12日基発1063号）では、脳・心臓疾患の発症に影響を及ぼす疲労の蓄積をみるにあたっては、①発症前1か月間の残業時間が100時間を超えるか、②発症前2～6か月間の残業時間が月平均80時間を超えるような場合には過重負荷があったものと評価する、という考え方が示されています[5]。

さらに、電通事件[6]判決（最判平12年3月24日）では、著しい長時間労働によってうつ病を発して労働者が自殺したような場合には、就労と死亡との間に相当因果関係が認められる、としたうえで、労働者が長時間労働に従事して健康状態を悪化させていることを認識しながら労働者の負担を軽減させるための措置をとらなかった使用者には過失があるとされ、使用者に民法715条に基づく損害賠償責任が認められています。こうした判決の影響もあって、2000年代になってからは長時間労働が引き起こす健康被害をいかにして抑えていくかが関心事となりました。日本での自殺者数は、1998年から14年連続して年間3万人を超える状態が続いていました。その後は減少傾向にあるものの、それでも2023年には21,818人の自殺者がいます。自殺の原因として「勤務問題」が挙げられることも多く、近年では職場においてもメンタルヘルス対策が講じられるようになってきました。

（3）**少子化の進行**　1989年の「1.57ショック」[7]を機に、出生率の低下が社会問題として認識されるようになります。少子化という現象は様々な要因が絡み合って生じていますが、雇用問題として挙げられているのは、①出産前に仕事をしていた女性が、仕事と育児の両立は難しいとして仕事を辞めている、②子育て世代の男性のうち約5人に1人が週60時間を超えて就業しており、夫が育児に参加する時間が少なくなっている――といったものです。家庭生活に時間を振り向けたくても仕事が重荷となっているうえ、家事負担は女性に偏っていることが課題となっているのです。共働きが普通となった今日の社会においては、性別による固定的な役割分担を取り除き、男女がともに能力を発揮できる社会を建設することが必要であるとして、1999年には**男女共同参画社会基本法**[8]が制定されました。

（4）**高齢化の進行**　日本では1970年に65歳以上の老年人口が7％を超え、高齢化社会に入りました。1995年に14％に達して高齢社会となり、2007年には21％を超えて超高齢社会へ突入しています。2022年の時点で高齢化率は29.0％に達しており、2055年には38％に迫ると推計されています。高齢者

の増加により介護を必要とする人が増加すると見込まれたことから、1995年に育児休業法が大幅に改正され「育児・介護休業法」が成立しました。

このように、育児や介護といった労働者の家庭生活（Life）について、働き方（Work）のうえで配慮することが求められるようになってきたのです。

3 ワーク・ライフ・バランスの登場

(1) **仕事と家庭生活の調和** 社会の構造的な変化を受け、基本理念として登場してきたのが「ディーセント・ワーク」やWLBでした。2008年に施行された労働契約法では、第3条3項に「労働契約は、労働者及び使用者が仕事と生活の調和にも配慮しつつ締結し、又は変更すべきものとする」との規定が置かれ、日本の労働法にもWLBが理念として据えられました。

もっとも、日本においては少子化への対応が急務であったという背景からWLBが登場したため、《ファミリー・フレンドリー施策》としての側面が強いことは否めません。これに対しEUでは、高齢者や女性の就業率を向上させていくための戦略としてWLBが位置づけられているという違いがあります。WLBは、育児・介護にたずさわっている労働者にしか関係のない話ではありません。性別はもちろん、独身か既婚かも関係なく、すべての人々の〈働き方〉を変えていこうとする取り組みとしてWLBを捉えるべきなのです。WLBの実現に向けては、企業が必要とするときに求められるまま労働力を投入できる者だけを想定してきた高度成長期の働き方を改める必要があります。

(2) **時間外労働** 日本における労働問題の最たるものが「残業」です。もともと日本の労働時間法制は、労働者の健康を守るために上限規制を設けるヨーロッパ大陸型の発想（45頁コラム「労働時間制度の国際比較」参照）が出発点にありました。ところが、日立製作所武蔵工場事件で最高裁は、就業規則に時間外労働を命ずる規定があれば、労働者は残業命令に従わなければならないと示しました。

このような裁判例の傾向にWLBを照らして考えてみると課題が浮かび上

→9 **育児・介護休業法**
この法律では、仕事と家庭の両立を支援することが事業主の責務として掲げられており、勤務時間短縮の措置を講ずること（23～24条）や転勤させようとする場合の配慮（26条）が求められています。本書⓬3参照

→10 **ディーセント・ワーク（Decent Work）**
ＩＬＯ（国際労働機関）が1999年から提唱している考え方で、「働きがいのある人間らしい仕事」と邦訳されている。具体的には、①持続可能な生計の機会を創出する、②仕事における権利を保証する、③社会保護を拡充する、④社会的対話を推進し、紛争解決を図る、などへの取り組みが掲げられています。

→11 **女性の就業**
2015（平27）年8月28日に国会で女性活躍推進法が成立しました。この法律では、働く場面で活躍したいという希望を持つすべての女性が、その個性と能力を十分に発揮できる社会を実現するため、事業主に対して女性の活躍推進に向けた行動計画を策定すること等を求めています。

→12 **日立製作所武蔵工場事件**
トランジスター工場で不良品が発生するようになったため、品質管理を担当していた労働者に対して会社が残業を命じたところ、労働者が命令に従わなかったことが問題となった（命じられた作業は翌日に行った）事件です（最判平3年11月28日、本書❺3参照）。

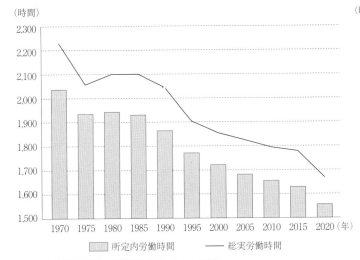

資料❶　年間労働時間の推移

資料：毎月勤労統計調査（事業所規模30人以上、暦年）

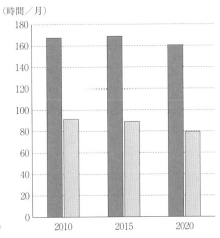

資料❷　働き方の違いでみる労働時間

資料：毎月勤労統計調査（事業所規模5人以上、月間）

➡13　年休の付与日数

継続勤務年数	付与日数
6か月	10日
1年6か月	11日
2年6か月	12日
3年6か月	14日
4年6か月	16日
5年6か月	18日
6年6か月以上	20日

なお、パートタイマーやアルバイトなど所定労働日数が少ない労働者については、所定労働日数に応じて比例付与されます（労基法39条3項）。

➡14　日本労働政策研究・研修機構（JILPT）が行った『年次有給休暇の取得に関する調査』（2011年4月）をみると、年休を取得せずに残してしまう理由としては「病気や急な用事のために残しておく必要があるから」（64.6％）、「休むと職場の他の人に迷惑をかけるから」（60.2％）、「仕事量が多すぎて休んでいる余裕がないから」（52.7％）といった回答が並んでいます。

➡15　年休の自由利用
最高裁は、「年次休暇の利用目的は労基法の関知しないところであり、休暇をどのように利用するかは、使用者の干渉を許さない労働者の自由である」と説示しています（林野庁白石営林署事件・最判昭和48年3月2日）。

➡16　時季変更権
たとえば、高校の教員が期末試験の日に年休を取得しようとした場合（夕張南高校事件・最判昭62年1月29日）や、約1か月間に集中して行われる訓練期間の最中に年休を取得しようとした場合（NTT事件・最判平12年3月31日）については、使用者による時季変更権の行使が有効と判断されています。
他方、運転手が不足する状況が長期にわたって常態化していて年休が取得できなかったという場合において、労働者からの損害賠償請求を認めた例があります（西日本JRバス事件・名古屋高金沢支判平10年3月16日）。

➡17　ILO132号条約
ILO52号条約を改正して1970年に採択された、有給休暇に関する国際的合意。2023年10月時点で38か国が批准していますが、日本は批准していません。

➡18　年休の取得単位
年休は1日単位で取得するのが原則です。しかし、労使協定を締結することにより、年5日の範囲

がってきます。所定労働時間外についてまで家庭生活よりも仕事を優先させなければならないのなら、労働者が私生活上の予定を立てておくことは難しくなってしまいます。

4　〈休み方〉から考えるワーク・ライフ・バランス

（1）どうして年休は活用されないの？　過労死を出してしまうような状況が解消されないのは、しっかり〈休む〉ことができていないことにも問題がありそうです。時短政策の展開により、労基法が制定された当初から続いていた週48時間労働の原則は週40時間制へと改められ、週休二日制が広まりました。年間労働時間の推移をみてみると、労基法が改正された1987年を境に労働時間は大きく減少しています（資料❶参照）。

ところが**年次有給休暇**（年休）についてみると、1988年に最低付与日数が6日から10日へと引き上げられたというのに、あまり芳しい成果を残してはいません。年休は、6か月間継続して勤務し、出勤率が8割以上であった労働者に対して10〜20日が付与されます。それなのに、厚生労働省「令和5年就労条件総合調査」によると、年休の新規付与日数は平均17.6日ありながら、実際に利用されたのは平均10.9日に過ぎず、取得率は62.1％でしかありません。

（2）**年休権の行使**　労基法39条5項は「使用者は〈…〉有給休暇を労働者の請求する時季に与えなければならない」と定めています。年休をどのように使うかは原則として労働者の自由であり、使用者は年休の使い途を理由に年休取得時季を変更させることはできません。

とはいえ、同時期に年休取得者が重なって職場に誰もいなくなってしまうと、企業の活動に支障を来してしまいかねません。そこで労基法39条5項但書は、使用者は「事業の正常な運営を妨げる場合」に限って**時季変更権**を行使し、他の時季に年休を与えることができるとしています。この際、使用者には、労働者が指定した時季に年休が取れるよう、代わりに勤務する者を確保する等の配慮を配慮することが求められています。従って、たんに「繁忙期だから」「人手不足だから」というだけで使用者が時季変更権を行使することは許されません。

（3）**年休の取得促進**　このように、年休の取得時季は労働者が自由に決定できる、というのが原則です。しかしながら日本では、年休が有効に活用されていないのが実状です。そこで、取得率が低調な状況を改めるべく、年休の取得を促進する施策が「働き方改革」（後述）として2019年から導入されました。これにより、年10日以上の年休が付与されている労働者に対し、労働者自身が取得した年休が年5日に満たない場合、年5日は使用者が時季を指定して取得させることが義務づけられています（労基法39条7項）。

年休という制度は1936年のILO52号条約にまで遡ることができます。ところが日本の年休制度はILO条約の考え方と大きく異なります。ILO132号条約では、6か月継続して勤務すれば3労働週の年休を付与したうえ、そのうち2労働週は連続したものにすることを求めています。つまり、年休の元来の目的は年に1度まとまった休みを取ってバカンスを楽しみ、心身をリフレッシュすることにあったのです。それが日本では、年休を細切れで利用できるようにしてしまったことが災いして、病気になったときの通院や家族の世話のために年休が利用されるようになってしまいました。

日本には、法律に基づく病気休暇制度はありません。そのため、体調不良で欠勤するときに備えて年休を温存していることが多いのです。体調が悪ければ年休を使わずに仕事を休めるような職場環境が整えられていないと、年休の取得率を向上させようとしても難しいところがあります。

5　働き方の多様化とワーク・ライフ・バランス

　ここまでみてきたように、日本の労働問題は様々な要因が絡み合っています。そうした状況にあって《一億総活躍社会》をスローガンとして掲げ、「若者も高齢者も、女性も男性も、障害や難病のある方々も、一度失敗を経験した人も、みんなが包摂され活躍できる社会」の実現を目指したのが安倍晋三内閣でした。一億総活躍社会に向けて具体的に取り組むべき課題として示されたのが、「介護離職ゼロ」「希望出生率1.8」そして「働き方改革」です。

　総理大臣の私的諮問機関として設置された「働き方改革実現会議」は、2017（平29）年3月28日に実行計画を決定し、ここで示された考え方をもとにして「働き方改革関連法」が2018（平30）年7月6日に公布されました。内容は多岐にわたるのですが、ここでは本章3（2）で触れた時間外労働の問題について言及するに留めます。

　労働基準法（以下、労基法）32条は1日8時間労働の原則を掲げているものの、従前は、三六協定を結んでしまえば上限なく時間外労働を命じることができるようになっていました。これが「働き方改革」によって改められ、**時間外労働の限度を具体的に設けることにしたのです**。法定労働時間を超える時間外労働の上限は、原則として「月45時間、年360時間」と定められています（労基法36条4項）。臨時的な特別の事情がある場合には上限を引き上げることも認められていますが、その場合でも、①時間外労働と休日労働の合計は月100時間未満、②2〜6か月平均の時間外労働と休日労働の合計が、すべて月80時間以内と、③年間の時間外労働（休日労働を除く）が720時間以内であることが必要です（労基法36条5項・6項）。

で時間単位で取得することもできます（労基法34条4項）。

→19　働き方改革関連法によって取り組みが具体化したのは次のような事柄です。
　①時間外労働の上限規制（本書❺3参照）
　②年休の確実な取得（本章4(3)参照）
　③高度プロフェッショナル制度の導入（本頁のコラム参照）
　④勤務間インターバル制度の導入促進（本頁のコラム参照）
　⑤労働時間状況の客観的な把握（58頁のコラム）
　⑥フレックスタイム制の拡充
　⑦月60時間を超える残業に対する割増賃金の引き上げ
　⑧雇用形態にかかわらない公正な待遇の確保（本書❹6参照）

❻のQ&A：理解度チェック

コラム　労働時間制度の国際比較

　労働時間の法規制に対する考え方には、大きく2つの立場があります。

　まずアメリカの場合ですが、賃金が適正に支払われるようにするため法規制が行われます。公正労働基準法（Fair Labor Standards Act）の第7条では、週40時間を超えて労働させる場合は通常の賃金の1.5倍以上の時間外手当を支払わなければならないと定めています。割増賃金さえ支払えば何時間でも労働させることができ、時間外協定の締結や行政官庁への届出・許可等は不要というのがアメリカの仕組みです。割増制度の適用を逃れたいと思う使用者はホワイトカラー・エグゼンプション（white collar exemption）の利用を検討することになります。管理業務や専門業務などに従事している労働者のうち一定の要件を満たした者に対しては、割増賃金を支払う義務が免除されるのです。これを参考に日本でも高度プロフェッショナル制度が創設され（労基法41条の2）、高度な専門的知識等を要する業務に就く者であって一定の年収要件を満たす者を対象に、労働時間や割増賃金に関する労基法の規定の適用を除外する仕組みが設けられました（58頁のコラム参照）。

　これに対してEUの場合、労働者の健康を確保するためには労働時間の長さを制限しなければならない、という労働安全衛生の観点から労働時間規制が行われています。1993年のEU労働時間指令では、24時間につき連続した11時間の休息時間を設けなければならない、と定めており、まとまった睡眠を確保できるようにするのがEUにおける労働時間規制の目的です。これを参考に、日本でも勤務間インターバル制度の導入が事業主の努力義務となりました（2019年施行の労働時間等設定改善法）。

7 労働条件って一方的に変更されていいの？

設例 正社員のAさんとアルバイトのBさんは、現在、同じ会社で働いています。仕事の内容は、AさんはX工場の事務職、BさんはY工場の製造ラインでの勤務です。ところが、会社は長引く不況により、何らかの経営改善策をとることを検討しているらしいのです。耳に入ってくるのは、①賃金を1割減額するとか、②工場の1つを閉鎖して、その工場で勤務する労働者を別工場で勤務させるといった、ありがたくない話ばかり。会社って、労働者の賃金を一方的に減額したり、労働者が別工場で働くよう一方的に命じたりできるのですか？

1 労働条件の変更と業務命令権の行使

「労働条件」といったときに、みなさんはどのような内容を思い描くでしょうか。賃金の額や、労働時間の長さなどがその典型ということになります。労働者が就労する際の労働条件は、その労働者が締結した労働契約、就労する事業所の就業規則、その労働者が労働組合に加入している場合には、その労働組合が締結している労働協約、さらには労働条件の最低基準を規制する労働基準法等の強行法規によって、規律されています。

ところで、労働者が1つの会社に長期にわたり勤続することは、決してめずらしいことではありません。会社の業績が好調であれば、毎年賃金が引き上げられるかもしれません。また、会社の業績が不振でやむをえず、賃金の引き下げが必要となることがあるかもしれません。

このように、労働者が採用された後、会社の経営環境や労働者の生活環境の変化などから、労働条件の見直しが迫られる場合があります。こうした場合において、使用者が労働条件を一方的に変更すること（契約内容の変更）は、法的に許されているのでしょうか。

また、労働者は仕事をする際、使用者から受けた指示に基づいて、具体的な作業を行います。この使用者による指示のことを一般に、使用者による「業務命令」と呼びます。そして使用者は、労働契約に基づいて、労働者に業務命令を出す権限（業務命令権）を取得します。使用者は、この業務命令権を行使することによって、労働者がこれまでの職種とは違った職種に就くことや、これまでとは違った勤務地で働くこと（一般に「転勤」といいます）について、労働者の意思にかかわりなく、命ずることができる場合があります。このような使用者の業務命令権の行使（仕事の中身の変更）が法的に認められるのは、どのような場合でしょうか。

以下では、賃金の減額という労働条件の不利益変更の問題と、労働者の勤務地の変更という使用者による業務命令権の行使について、検討します。

→1 労働組合とは、労働条件の維持改善を主たる目的として、労働者が主体となり自主的に組織する団体のことです。くわしくは、本書⓰参照。

→2 労働条件決定のルールについては、本書❸参照。

→3 業務命令権
労働契約が締結されると、労働者と使用者の間には、労務の提供と賃金の支払いという権利義務関係が成立します。このうち、労働者による労務の提供は、使用者による指示に基づいて行われることになります。使用者が労働者に対して指示を行う権限が、使用者の業務命令権です。指揮命令権という場合もあります。

→4 配置転換
本編では勤務地を変更する「転勤」について論じていますが、労働者の職種を変更する業務命令権の行使として、裁判例では、看護師、アナウンサー、キャビンアテンダントといった「専門職」を他の職種に変更することの当否が争われたケースも存在します。
このように、「配置転換」とは、労働者の勤務地の変更だけではなく、職種の変更も含んだ概念です。

46 第Ⅱ部 労働条件

2 賃金の減額ができるのはどんなとき？

(1) **労働条件変更の原則**　使用者は、労働者と合意することにより、労働契約の内容となっている労働条件を変更することができます（労働契約法 8 条）。したがって、設例のケースでは、正社員のAさん、アルバイトのBさんが賃金を1割減額するという会社の申し入れに合意をすれば、会社はその賃金を減額することができます。ただし、減額後の賃金額が最低賃金の額や、就業規則や労働協約で定められた基準の額を下回らないことが条件です。

もっとも、Aさん、Bさんは、使用者からの賃金の減額の申し入れに応じる義務はありません。使用者からの申し入れに納得がいかない場合には、その申し入れを断ることができます。そのため、賃金引き下げの申し入れに合意しない労働者がいる限り、使用者はすべての労働者の賃金を統一的に引き下げることはできません。

また、最高裁は、労働条件の変更が賃金や退職金に関するものである場合、当該変更を受け入れる旨の労働者の行為があったとしても、その行為をもって直ちに労働者の同意があったとみるのは相当ではなく、労働者の同意の有無についての判断は慎重になされるべきである、という判示をしています（山梨県民信用組合事件・最判平28年2月19日）。➡5

(2) **就業規則による労働条件の変更**　労働条件の変更手段として、実際上、最も重要な意味をもつのは就業規則です。

まず、労働契約の内容となっている労働条件を変更する場合、使用者は労働者との合意により変更するのが原則であり、使用者が一方的に変更することはできません。また、後述する労働協約は、使用者と労働組合との合意により成立し、その適用範囲も原則として労働組合に加入している労働者に限られていることから、労働組合に加入していない労働者の労働条件を変更することはできません。

これに対し、就業規則であれば、所定の手続を経る必要はあるものの、使➡6

➡5　さらに最高裁は、就業規則に定められた賃金や退職金に関する労働条件の変更に対する労働者の同意の有無については、変更を受け入れる旨の労働者の行為が労働者の自由な意思に基づいてなされたものと認めるに足りる合理的な理由が客観的に存在するか否かという観点からも判断されるべきものである、と判示しています。

この点、労働契約法9条は、「使用者は、労働者と合意することなく、就業規則を変更することにより、労働者の不利益に労働契約の内容である労働条件を変更することはできない。」と規定しています。同条の解釈として、使用者が労働者と合意をすれば、後述する「就業規則の合理性」を問うことなく、労働条件を不利益に変更することができるかどうかについて、学説上、見解が対立しています。

➡6　**就業規則の変更手続**
労基法は、就業規則の作成や変更する際の労働者の意見聴取（90条1項）と労働基準監督署への届出（89条）について規定し、労働契約法は、就業規則の効力が生じるためには労働者への周知が必要であること（7条・10条）を規定しています。

　就業規則の効力

①労働条件の最低基準を規律する効力：最低基準効（労働契約法12条）
②内容が合理的であれば労働契約の内容となる効力：補充効（労働契約法7条）
③不利益変更に合理性があれば反対の労働者についても拘束する効力：変更効（労働契約法10条）

就業規則には、いくつかの効力が認められます。適用される局面や条項の内容によって、その効力に違いがあることに留意しなければなりません。

まず、就業規則が定める基準を下回るような労働条件の労働契約を労働者が締結した場合、就業規則が定める基準まで労働条件が引き上げられます。これが、就業規則の「最低基準効」です（労働契約法12条）。就業規則が適用される事業所において、労働条件の最低基準を設定する効果です。

次に、就業規則には、労働契約の内容を補充する効果が認められており、その内容に合理性があれば、労働契約の内容となります（労働契約法7条）。この「補充効」により、就業規則が定める労働条件の基準のほか、労働者に対する懲戒処分、時間外労働や配置転換の業務命令といった個別労働者の処遇の根拠についても、その内容が合理的であれば労働契約の内容となります。

さらに、就業規則を労働者の不利益に変更した場合、その変更に合理性が認められれば、合意しない労働者にも効力が及びます（労働契約法10条）。これが、就業規則の「変更効」です。また、労働条件の基準のほか、労働者に対する処遇の根拠についても、不利益な変更が行われる場合があります。

用者が「一方的」に変更することができます。すなわち、変更後の就業規則を労働者へ周知するとともに、就業規則の変更が合理的なものであるときには、その効力は適用対象のすべての労働者に及びます（労働契約法10条）。

労働条件を不利益に変更する場合には、変更後の就業規則を労働者に周知したうえで、「就業規則の変更が、労働者の受ける不利益の程度、労働条件の変更の必要性、変更後の就業規則の内容の相当性、労働組合等との交渉の状況その他の就業規則の変更に係る事情に照らして合理的なものであるとき」（労働契約法10条）は、労働条件は変更後の就業規則で定める内容になります。

また、賃金、退職金など特に重要な労働条件については、変更に伴う「不利益を労働者に受忍させることを許容できる高度の必要性に基づいた合理的な内容のもの」（大曲市農協事件・最判昭63年2月16日）であるという、より高いハードルが設けられています。したがって、設例のように、使用者が労働者の賃金を1割減額する就業規則の不利益変更を行った場合、その効力は「高度の必要性」のほか、前述の考慮要素を総合的に判断することになります。➡7

(3) 労働協約による変更　　労働協約は、労働組合が使用者またはその団体と締結する書面による協定で、労働条件の基準を定める部分については、その組合員の労働条件を規律する規範的効力が認められています（労働組合法16条）。そして、それまでの労働条件の基準を引き下げるような労働協約についても、この規範的効力が認められるのが原則です。

労働協約は、就業規則が使用者によって一方的に制定されるのと異なり、労使の自主的な交渉の結果、締結されるものです。そのため、裁判所はその自主性を尊重し、労働協約の効力が認められないのは、労働協約を過去にさかのぼって適用して労働条件を引き下げたり（朝日火災海上保険事件・最判平8年3月26日）、労働協約を締結する過程において、組合員の意見を十分に集約していない（中根製作所事件・東京高判平12年7月26日）など、例外的なケースに限定しています。

> ■展開例1　会社は正社員の賃金を1割減額するため、会社の従業員が組織する労働組合と交渉を開始しました。また、就業規則の変更も行うようです。

(4) Aさんには何ができるか　　Aさんの賃金額が個別の合意で決定しているならば、就業規則や労働協約が変更されたとしても、合意された賃金額が優先します。

次に、賃金額について個別の合意がなく、Aさんが労働組合の組合員である場合には、新たな労働協約が締結されると、その協約が適用されます。たとえ、賃金を1割減額する不利益な内容であっても、その適用を受けるのが原則です。そのため、Aさんが不利益な労働協約の適用を避けようとするならば、労働協約が締結される前に組合を脱退することが考えられます。ただし、この場合にも、変更後の就業規則の適用の問題となり（安田生命保険事件・東京地判平7年5月17日）、労働条件の不利益な変更それ自体から逃れられるわけではありません。

また、賃金額について個別の合意がなく、労働組合に加入していない場合には、変更後の就業規則が「合理的」である等の条件を満たせば、その適用を受けることになります。そのために、使用者が「一方的」に作成する就業規則の適用を避けようとするならば、労働組合に加入して、その交渉力に期待

➡7　ただし、就業規則の不利益変更については、このような一般的な判断枠組みは形成されているものの、実際の裁判においてどのような場合に合理性が認められるのか、事前に予測するのは難しい状況にあります。
たとえば、多数組合の同意があるとして合理性を肯定したケース（第四銀行事件・最判平9年2月28日）がある一方で、多数組合の同意があっても、不利益の程度が大きいために合理性が否定されたケース（みちのく銀行事件・最判平12年9月7日）もあります。

することが考えられます。もっとも、ひとたび労働協約が締結されると、その内容が不利益であっても、原則としてその適用を受けることになります。

3 配置転換ができるのはどんなとき？

(1) **使用者の業務命令権** 労働者は仕事をする際、使用者から受けた指示に基づいて、具体的な作業を行います。この指示が使用者による業務命令です。使用者は労働者に対し業務命令権に基づいて、これまでの職種とは違った職種に就くことや、これまでとは違った勤務地で働くことについて、一方的に命ずることができる場合があります。

(2) **勤務地限定合意の有無** すでに説明したように、使用者は労働契約に基づいて業務命令を行使することになることから、使用者に認められる業務命令権の範囲について、労働契約で制約することが可能です。

設例のケースにおいて、Aさん、Bさんが最初に確認するべきことは、労働契約において勤務地が特定しているかどうかです。それぞれの勤務地が、労働契約でX工場やY工場に特定していれば、会社は、AさんやBさんの勤務地を一方的に変更する命令を出すことはできません。たとえば、正社員のAさんが「勤務地限定社員」として採用されていたり、BさんがY工場で働くことを前提に採用されていたりすると、会社は労働者の合意を得ることなく、一方的に勤務地を変更することは認められません。

裁判例においても、労働者が採用時に家庭の事情から仙台以外に転勤できないことを述べ、会社もこれを認めて採用したという事実から、勤務地を仙台に限定する合意を認定したケース（新日本通信事件・大阪地判平9年3月24日）や、関西地区で管理職候補として現地中途採用され、採用面接の際、家族の病状から関西以外への転勤に難色を示し、会社もこれを了解していたこと等から、勤務地限定の「黙示の合意」を認めたケース（日本レストランシステム事件・大阪高判平17年1月25日）などがあります。

なお、正社員の場合には、就業規則において、「業務上の必要性があると

▶ 8 黙示の合意
契約は両当事者の合意により成立し、両当事者の合意により変更できます。書面等で明示された合意条項だけではなく、そこに至った経緯やその後の事情、当事者の言動などから、黙示的に合意が成立したと認められる場合があります。

> **こらむ　職務・勤務地限定正社員**
>
> 終身雇用、年功序列型賃金という日本型雇用慣行のもと、長らく日本における正社員は、職種や勤務地を限定されることなく、企業の広範な業務命令に従って就労するのが一般的でした。しかし近年では、職務限定正社員や勤務地限定正社員のように、正社員の制度を多様化する企業も現れています。
>
> 企業がこうした制度を設けるのは、採用に際し職務を限定することで労働者の専門性や生産性の向上を促すことや、勤務地を限定することで正社員の定着を促すことなどを目的としています。また、労働者の側でも、専門性のある仕事に就きたかったことや、自宅や親族等から近いことが、職種や勤務地を限定した正社員を選択した理由となっています。
>
> なお、職務・勤務地限定正社員となる労働者は、新規採用時に職務や勤務地を限定する場合以外にも、職務や勤務地が無限定の正社員から転換する、あるいは、有期契約労働者を無期転換する場合に職務・勤務地限定正社員とする、といった対応もなされています（また、職務・勤務地限定正社員から無限定の正社員への転換を行う企業も存在します）。
>
> ところで、職種・勤務地限定正社員の処遇については、基本給について正社員と差をつけない企業がある一方で、正社員の9割〜7割程度と差を設ける企業も存在します。こうした処遇の差は、職務・勤務地限定正社員に対し「不合理な賃金差がある」、「十分な説明を受けていない」といった不満をもたらす一方で、処遇に差がない場合には、職務や勤務地が無限定の正社員に「合理的な賃金差が設けられていない」という不満をもたらしています。
>
> このように、職種・勤務地限定正社員を公正な制度として運用していくには、まだまだ課題が存在しています。

きは配置転換を命ずることがある」といった、「配転条項」が定められている
ケースはめずらしくありません。就業規則条項に合理性があり、労働者への
周知が図られていると（労働契約法7条）、使用者は労働者に配置転換を命ず
る権限が認められます。また、労働協約に同様の定めがある場合にも、使用
者は協約の適用下にある労働者（通常は、その労働協約を締結している労働組合
の組合員）に対し、配置転換を命ずることができます。ただし、これらの
ケースであっても、労働者が使用者との間で、勤務地を限定する個別の合意
をしている場合には、そちらが優先します（同法10条但書）。

（3）**業務命令権の濫用**　労働者の勤務地が限定されていなければ、使用
者は労働者に対し、勤務地を変更する業務命令を出すことが認められます。
しかし、その権利を濫用することは許されません。最高裁は、会社の勤務地
変更を命ずる業務命令権行使の濫用が争われた東亜ペイント事件（最判昭61
年7月14日）において、会社が労働者の個別的合意を得ることなしに転勤を
命ずることができる場合であっても、①転勤命令について**業務上の必要性**[9]が
存しない場合、あるいは、業務上の必要性が存する場合であっても、②転勤
命令が他の不当な動機・目的をもってなされたものであるとき、または、③
労働者に対し通常甘受すべき程度を著しく越える不利益を負わせるものであ
るとき等には、権利の濫用になることを判示しています。

（4）**通常甘受すべき程度を著しく越える不利益**　東亜ペイント事件の最
高裁判決以降、裁判例では特に、当該転勤命令が労働者に「通常甘受すべき
程度を著しく越える不利益」を負わせるものであるかが争点となってきまし
た。そして、転勤命令の家庭生活に対する影響については、保育園への送り
迎えに支障を生じるという事情（ケンウッド事件・最判平12年1月28日）や、同
じ会社に勤め3人の子を有する夫婦のうち、夫が単身赴任を余儀なくされる
という事情（帝国臓器製薬事件・最判平11年9月17日）については、「通常甘受す
べき程度を著しく越える不利益」ではない、という判断が示されてきました。

しかし、平成14年4月1日に施行された改正育児・介護休業法26条は、事
業主が労働者を転勤させようとするときには、育児や介護を行うことが困難
となる労働者について、その育児または介護の状況に配慮しなければならな
いことを規定しました。そのため、近年では、これまでの傾向にも変化が生
じています[10]。

たとえば、明治図書出版事件（東京地決平14年12月27日）では、重度のアト
ピー性皮膚炎にかかり東京都内の病院に通院する子を有する労働者に対する
東京本社から大阪支社への転勤命令が、ネスレ日本（配転本訴）事件（大阪高
判平18年4月14日）では、非定型精神病にかかっている妻や要介護状態にある
母をもつ労働者に対する姫路工場（兵庫県）から霞ヶ浦工場（茨城県）への転勤
命令が、いずれも業務上の必要性を認めながら、「通常甘受すべき程度を著
しく越える」ために無効と判断されています（最高裁は上告不受理・最決平20年
4月18日）。

（5）**「一方的」変更の可否**　これまで説明してきたとおり、勤務地を限
定する合意をしていた場合、使用者は「一方的」に業務命令で他の勤務地へ
配置転換を命ずることはできません。

もっとも、勤務地限定の合意がされている場合であっても、使用者が労働
者に対し、勤務地の変更を申し入れることは可能です。労働者にとっては、

▶9　**業務上の必要性**
　東亜ペイント事件は、労働力の
適正配置、業務の能率増進、労働
者の能力開発、勤務意欲の高揚、
業務運営の円滑化など、企業の合
理的運営に寄与すればこれを認め
ると判示した。したがって、配
置転換を命ずるにあたり、「余人
をもっては容易には代え難い」
といった事情までは求められてい
ません。

▶10　労働契約法3条3項も、
労働契約の締結、変更に際し「仕
事と生活の調和」に配慮すべきこ
とを規定しています。

こうした変更の申し入れ自体、使用者の「一方的」な決定であると感じるかもしれませんが、受け入れるかどうかは労働者の判断にゆだねられており、労働者が承諾しない限り、使用者はその勤務地を変更することはできません。

■展開例2　会社はY工場の閉鎖を決定したのでしょうか。Y工場で働くことを前提に採用され勤務してきたアルバイトのBさんを含む労働者全員に、X工場で働く意思があるかどうか、その意向の有無についての回答を求められました。

（6）Bさんには何ができるか　Bさんの場合、勤務地をY工場に限定する合意が成立していると考えられます。したがって、会社が一方的にX工場での勤務を命ずることはできません。しかし、会社がY工場を閉鎖するのなら、Bさんが今までどおり、Y工場での勤務を継続することも困難です。

このような場合、Bさんが返事をするのは、X工場勤務を断った場合にどうなるかを確認してからでも、遅くはありません。つまり、引き続きY工場で勤務できる可能性はないのか、ということです。

そして、Y工場での勤務を継続することができないならば、勤務地変更に合意してX工場での勤務に応じるか、退職して新しい仕事を探すかの選択をすることになります。→11 この場合、そのことにより生じる不利益を緩和するための措置を（場合によっては、組合を通じて）会社に要求するのも一つの手です。

なお、2021年に独立行政法人労働政策研究・研修機構が実施した調査→12によると、事業所や部署の廃止等により限定された職務や勤務地が消滅した場合において、できる限りの雇用継続努力を行う旨の回答をした企業は6割を超えています（無限定社員の取扱いと全く同じと実質的に取扱いが異なる場合の双方を含む。資料❶参照）。

しかし、そのような方針をあらかじめ労働者に明示している企業は1割程度に過ぎません（資料❷参照）。また、たとえ明示されていても雇用継続のために限定されていた職務や勤務地の変更を余儀なくされるのであれば、労働者にとって「不意打ち」となることは否めません。

→11　労働契約終了の問題は本書⓭、退職後に求職をする期間の所得保障の仕組みについては本書⓯参照。

→12　JILPT調査シリーズNo.224『多様化する労働契約の在り方に関する調査（企業調査、労働者WEB調査）』（2022年）

❼のQ&A：理解度チェック

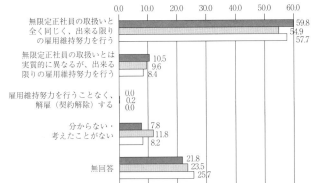

資料❶　企業における多様な正社員の事業所閉鎖等に直面した際の対応方針【企業調査】（SA、単位＝％）

※1：各多様な正社員がいる企業を対象に集計。
※2：事業所閉鎖等に直面した場合とは、例えば、勤務地限定正社員で通勤圏内の事業所が閉鎖したり、職務限定正社員で事業縮小等に伴い担当職務がなくなった場合を指す。

資料❷　事業所閉鎖等に直面した際の雇用対応方針の明示、及び、明示している場合の雇用対応方針【企業調査】（単位＝％）

		勤務地限定正社員	職務限定正社員	勤務時間限定正社員
①事業所や部署の廃止等により、限定された職務や勤務地が消滅した場合の対応のあらかじめ明示の有無(SA)	n	550	561	428
	あらかじめ明示はしていない	70.9	69.7	65.9
	あらかじめ明示している	10.9	8.2	7.0
	無回答	18.2	22.1	27.1
②明示されている限定された職務や勤務地が消滅した場合の対応（SA）	n	60	46	30
	他の職務や勤務地に勤務させる	75.0	78.3	70.0
	労働契約を終了する	10.0	8.7	10.0
	その他	3.3	4.3	3.3
	無回答	11.7	8.7	16.7

※①は、各多様な正社員等がいる企業を対象に集計。②は、①の「あらかじめ明示している」を対象に集計。

出典：JILPT調査シリーズNo.224『多様化する労働契約の在り方に関する調査（企業調査、労働者WEB調査）』2022年より作成

8 一緒に働く人たちのワークルールを知ってる？
▶高齢者・障害者・外国人雇用

設例　大学生になり、近くのコンビニでアルバイトを始めました。コンビニは24時間365日オープンしており、シフト制で働いていますが、定年後再雇用のA店長や、障害者のBさん、留学生C君から教えてもらいながら働くうちに、多種多様な雇用のワークルールについて知りたくなりました。

1　少子高齢化と多種多様な労働者とは？

　コンビニはもちろん、様々な就労現場において、高齢者[1]、障害者[2]、外国人[3]の労働者が活躍する姿が当たり前になってきました。その1つの背景といえるのが、少子高齢化問題です。政府推計では、すでに人口減少局面を迎え、2065年には総人口が9000万人を割り込む可能性が指摘される中、15歳から64歳までの労働力人口も次第に減少することが確実視されています。今後、労働力人口の減少等によって、労働力不足が懸念される中、以前に増して多種多様な人材の積極的な労働市場への参加が進んでいますが、他方で高齢者、障害者、外国人雇用それぞれの法的保護の必要性も生じるところ、以下では、各事例を示しながらワークルールにつき解説します。

2　定年後再雇用時に処遇が下がるのは当たり前？

■展開例1　私のアルバイト先では、60歳になるAさんが新任店長として働いています。Aさんはその会社に正社員として入社し、長らく全国転勤で営業を担当していましたが、昨年末に定年を迎え、今年1月から定年後再雇用され、勤務地限定の店長職を務めることになったと聞いています。Aさんは時折、定年前に比べ処遇が下がったと愚痴をこぼしていますが、そのようなことが許されるのでしょうか。

　(1) 高齢者雇用継続措置について　従前から多くの企業において定年制が設けられ、60歳等の年齢を迎えた無期契約の正社員との間の雇用契約を一律に終了させる取扱いが定着してきました。これに対し、近年、厳しい年金財政や60歳以降の労働者の就業率の高まりなどを受け、高齢者雇用安定法（以下、高年法）は次第に高齢社員の雇用継続に向けた措置を企業に強く求めるようになります。まずは2013（平25）年4月施行の高年法9条は高齢者の就労促進を高めるべく、希望者全員を65歳まで雇用継続することを求め、以下3つの選択肢が示しました。①定年制の廃止、②65歳までの定年の引上げ、③65歳までの継続雇用制度の導入です。

　さらに2021（令3）年4月施行の改正高年法によって、新たに事業主に対して、65～70歳の労働者を対象に、以下の就業機会確保施策を講じることが努力義務化されています。①定年廃止，②70歳までの定年延長，③継続雇用制度導入（現行65歳までの制度と同様，子会社・関連会社での継続雇用を含む），

[1] 2023（令5）年の労働力人口は6925万人のところ、65〜69歳の者は394万人、70歳以上の者は537万人であり、労働力人口総数に占める65歳以上の者の割合が13.4％と長期的に上昇傾向にあります（令和6年版高齢社会白書）。

[2] 2022（令4）年度における身体障害者、知的障害者、精神障害者数はいずれも増加しており、民間企業における雇用障害者数は61.4万人であり、19年連続で過去最高となりました。とりわけ精神障害者が前年比11.9％増と雇用伸び率が高くなっています（令和5年版労働経済白書）。

[3] 2022（令4）年10月末の外国人労働者数は約182.3万人となり、外国人雇用状況の届出が義務化されて以来、過去最高を更新しました（令和5年版労働経済白書）。

④他の企業（子会社・関連会社以外の企業）への再就職の実現，⑤個人とのフリーランス契約への資金提供，⑥個人の起業支援，⑦個人の社会貢献活動参加への資金提供です。また厚労大臣が事業主に対し，個別労使で計画策定を求め，計画策定について履行確保を求める仕組みが導入されています。

（2）高齢者雇用の処遇問題　それでは高齢者雇用時における賃金その他処遇はどのように設定されるべきでしょうか。この点につき，厚労省の行政Q＆Aは，定年後再雇用時の処遇設定は「合理的な裁量の範囲の条件」を求めますが，それ以上の解釈は示されていません。これに対して，近時，裁判例が積み重ねられつつあるのが，有期パート労働法 8 条（旧労働契約法20条）の均衡処遇との問題です（同一労働同一賃金の詳細は本書❹参照）。均衡処遇違反に該当する場合には，民事上，差額賃金等が損害賠償請求等で認容される可能性があるところ，まず展開例 1 では，Ａさんは定年後，営業職から店長職に職務内容・責任が変更されたうえ，勤務地が限定され，定年前と比べ，職務内容・責任，人材活用の仕組みを異にしています。また老齢厚生年金，雇用保険法に基づく高齢者雇用継続給付等との関係からも，会社側として処遇の合理性を主張しうるところ，Ａ店長が定年後の処遇につき疑問に感じているようであれば，まずは会社に説明を求め，店長職の処遇内容につき確認を求めることが考えられます。

3　障害者雇用における合理的配慮とは？

> ■展開例 2　アルバイトのＢさんが入社後，私傷病等によって身体障害手帳の交付を受けることとなりました。Ｂさんから身体障害に伴う要望を受けて，以前の店長は，当該申出があった後，勤務シフト上の配慮（午後の遅番のみで，時間外勤務させない等の配置）を行っておりましたが，新任店長のＡさんは，他のアルバイトとの公平性から，当該配慮措置を認めないこととしました。これに対してＢさんは不服を申し立てていますが，法的にどのように考えれば良いでしょうか。

（1）障害者雇用促進法とは何か　障害者が雇用されることを通じ，自ら

➡4　厚労省「高年齢者雇用安定法Q＆A（高年齢者雇用確保措置関係）」のQ1-9は，定年後継続雇用に際し，本人と事業主との間で賃金と労働時間の条件が合意できない場合も高年法違反にあたるかとのQに対し，「（略）事業主の合理的な裁量の範囲の条件を提示していれば，労働者と事業主との間で労働条件等についての合意が得られず，結果的に労働者が継続雇用されることを拒否したとしても，高年齢者雇用安定法違反となるものではありません」（下線部筆者）との回答を示しています。

➡5　定年後再雇用（有期雇用・パート雇用）と正社員との間の均衡処遇違反に係る最高裁判決として，長澤運輸事件最高裁判決（最判平30年 6 月 1 日），さらには名古屋自動車学校（再雇用）事件（最判令 5 年 7 月20日）があり，定年前後の職務内容・責任，異動の範囲のほか，老齢厚生年金との関係，さらには定年前後における賃金の趣旨・目的等を踏まえた判断がなされています。

定年後再雇用の例外とは

　現行高年法は，希望者全員の65歳までの継続雇用を原則とするものですが，他方で「心身の故障のため業務に堪えられないと認められること，勤務状況が著しく不良で引き続き従業員としての職責を果たし得ないこと等就業規則に定める解雇事由又は退職事由（年齢に係るものを除く。以下同じ。）に該当する場合は，継続雇用しないことができる」（高年齢者雇用確保措置の実施及び運用に関する指針）とします。他方でこの例外は，客観的に合理的な理由があり，社会通念上相当であることが求められる場合に限り，事業主による安易な雇用継続拒否は認められません。

資料❶　障害者雇用率制度について

事業主に対して，従業員の一定割合（法定雇用率）以上の障害者の雇用を義務付け
民間企業：2.5％　国，地方自治体：2.8％　都道府県等の教育委員会：2.7％（令 6 年 4 月～令 8 年 6 月）

週所定労働時間		30H以上	20H以上 30H未満	10H以上 20H未満
身体障害者		1	0.5	－
	重度	2	1	0.5
知的障害者		1	0.5	－
	重度	2	1	0.5
精神障害者		1	1（※）	0.5

※週所定労働時間が20時間以上30時間未満の精神障害者について，当面の間，雇入れからの期間に関わりなく，1 人をもって 1 人とみなされる。

➔6 障害者法定雇用率の算定方法等は以下参照（厚労省HP https://www.mhlw.go.jp/content/000859466.pdf）。なお障害者法定雇用率の引上げが予定されており、民間企業の法定雇用率は2026（令8）年7月から2.7%となる予定です。

➔7 各社における障害者実雇用率の算出方法は、身体障害者、知的障害者および精神障害者である雇用労働者÷法定雇用障害者数の算定の基礎となる労働者数（自社が雇用する常用労働者の総数）ですが、資料❶のとおり所定労働時間または障害の重度によって障害者雇用のカウント方法が異なる点に注意が必要です。

➔8 障害者差別禁止指針において示された差別の一例として、賃金につき「障害者であることを理由として、障害者に対して一定の手当等の賃金の支払をしないこと」、「一定の手当等の賃金の支払にあたって、障害者に対してのみ不利な条件を付すこと」等の例が示されています。また近時、公共職業訓練校の入校不合格が障害者差別にあたるか争われた事案として、国・高知県事件（高知地判平30年4月10日）がありますが、判決は「障害の程度を殊更重く見るなどして能力を実際以下に著しく低く評価し、職業訓練を受講・修了するのに支障がないのに、支障があると判定することは直接差別に該当」するとし、国賠請求を一部認容しています。

の能力を発揮するとともに、賃金所得を得ることは極めて大きな意義がありますが、障害者雇用を推進するうえで、障害者雇用に対する不合理な差別を是正したり、障害者の雇用を事業主に促すための様々な施策が必要となってきます。このため障害者雇用促進法は、障害者の法定雇用率等の措置を講じるとともに、雇用の分野における障害者に対する差別の禁止および障害者が職場で働くにあたっての支障を改善するための措置（合理的配慮の提供義務）を定めています。

　(2)　障害者の法定雇用率について　　障害者法定雇用率とは、障害者の自立・社会参加を促進するため、事業主に対して、その雇用する労働者に占める障害者の割合が一定率（法定雇用率）以上に義務づける制度です。民間企業に対する令和6年4月時点の障害者法定雇用率は2.5%であり、労働者40.0人以上を雇用する事業主は、障害者を1人以上雇用することが義務づけられています。[6] 同制度に合わせて障害者雇用納付金制度が設けられており、一定規模以上の事業主（常時雇用する労働者が100人を超えるもの）が法定障害者雇用率を下回っている場合、1人あたり月額5万円の障害者雇用納付金の支払いが義務づけられています。[7] その一方、常時雇用している労働者数が100人を超える事業主で障害者雇用率を超えて障害者を雇用している場合には、その超えて雇用している障害者数に応じて1人あたり月額2万9000円（支給対象者が年120人を超える場合には、1人あたり2万3000円に調整）が事業主に支給されます。この障害者法定雇用率の算出対象となるのは、身体障害者、知的障害者数および精神障害者（各保健福祉手帳等の交付者）となります。また障害の程度、週所定労働時間に応じて実算定方法が異なります（資料❶参照）。

　また障害者法定雇用率の達成に対する特例として、特例子会社制度があります。これは事業主が障害者の雇用に特別の配慮をした子会社を設立し、一定の要件を満たす場合には、特例としてその子会社に雇用されているものとみなして、実雇用率を算定することを可能とする制度です。また特例子会社をもつ親会社については、関係する子会社を含め、企業グループによる実雇用率算定を可能としますが、いずれも厚労省の認可を要します。

　(3)　障害者に対する不合理な差別の禁止と合理的配慮　　障害者雇用促進法は、障害者に対する差別の禁止を定めています。まず同法34条は募集および採用段階で、事業主に対し、障害者に障害者でない者と均等な機会を与えることを義務づけます。また同法35条は、賃金の決定、教育訓練、福利厚生施設の利用その他の待遇についても、労働者が障害者であることを理由として、障害者でない者と不当な差別的取扱いをしてはならないとし、詳細については、障害者差別禁止指針（平成27年厚生労働省告示第116号）に定めています。[8]

　さらに同法36条の2、36条の3は事業主に対し、障害者と障害者でない者との均等な機会の確保等を図るための措置を講ずることを義務づけています。これが「合理的配慮の提供」の義務づけです。合理的配慮指針（平成27年厚生労働省告示第117号）および事例集では、まず労働者の募集および採用にあたり、障害者からの申出があれば当該障害者の障害の特性に配慮した必要な措置を講ずることが義務づけられます。また雇用する障害者である労働者について、均等な待遇の確保または当該労働者の有する能力の有効な発揮の支障となっている事情を改善するため、同労働者の障害の特性に配慮した職務の円滑な遂行に必要な施設の整備、援助を行う者の配置その他必要な措置を

54　第Ⅱ部　労働条件

講ずることが義務づけられます（合理的配慮の提供）。その一方、事業主にとって配慮の提供が「過度な負担」となる場合には、合理的配慮の提供義務を負わないこととします。

設例では、この合理的配慮が問題とされていますが、モデルとした裁判例（阪神バス〔勤務配慮〕事件・神戸地尼崎支決平24年２月９日）では、事業主が身体障害者に対し適切な配慮を行わないことは、障害者雇用対策基本方針、法の下の平等の趣旨に反するものとして公序良俗ないし信義則に反する場合があり得るとしたうえで、当該判断にあたり①勤務配慮を行う必要性および相当性、②これを行うことによる会社側に対する負担の程度を総合的に考慮するとの枠組みを示しました。そのうえで結論として、本件配慮の必要性、相当性が認められ、かつ当該配慮が会社に対し過度の負担にあたらないとし、義務不存在確認請求を認容したものです（なお同事件は改正障害者雇用促進法施行以前の事案）。本設例のようにＢさんへの配慮措置が一方的に廃止された場合、合理的配慮の問題が生じるとともに、信義則違反が問われます。

４　何故、留学生アルバイトの所定労働時間が週28時間以内なの？

■展開例３　アルバイト先に、日本語学校に留学中の外国人Ｃ君がいますが、ある時、誤ってＣ君の勤務シフトが週30時間で組まれており、これを知ったＡ店長は血相を変えて、Ｃ君のシフト再調整を行っていました。何が問題だったのでしょうか。

（1）　**外国人労働者とは**　　外国籍の者が以下に該当する場合、国内での就労が認められています。①就労目的で在留が認められている外国人、②永住者、日本人の配偶者など身分に基づき在留する外国人、③技能実習／特定技能、④特定活動（本邦大学卒業者）、⑤留学生で、かつ資格外活動許可を得た外国人（週28時間の範囲内　アルバイト等）、です。事業主は上記の外国人労働者を雇入れおよびその離職する際には、必ずハローワークに対して、そ

➡ 9　永住者、日本人の配偶者等、永住者の配偶者等、定住者は、身分や地位に基づく在留資格であり、就労制限がなく、日本人と同様に働くことが可能です。定住者には、日本から海外に移住した者の孫（いわゆる日系３世）等も含まれます。

障害者雇用促進法における合理的配慮とは

障害者雇用促進法における合理的配慮につき、厚労省指針は、「個々の労働者の障害や職場の状況に応じて提供されるものであり、多様かつ個別性が高い」「合理的配慮は、障害者の個々の事情と事業主側との相互理解の中で可能な限り提供されるべき性質のものであり、最初から細部まで固定した内容のものとすることは適当ではない」としたうえ、合理的配慮の枠組みについては、①施設・設備の整備、②人的支援、③職場のマネジメントに関する配慮といった枠組みを示し、一例として次のものを挙げています。

①**施設・設備の整備例**　車いすを利用する方に合わせて、机や作業台の高さを調整すること、文字だけではなく口頭での説明を行うこと、口頭だけではなくわかりやすい文書・絵図を用いて説明すること、筆談ができるようにすること等

②**人的支援例**　手話通訳者・要約筆記者を配置・派遣すること、雇用主との間で調整する相談員を置くこと等

③**職場のマネジメント配慮**　通勤時のラッシュを避けるため勤務時間を延長すること等

8　一緒に働く人たちのワークルールを知ってる？　55

の氏名、在留資格等につき、届け出ることが義務づけられています。

また国籍を理由とした不合理な差別は、憲法14条および労基法3条において明確に禁じられており、不法就労を含め、国籍を理由とした賃金、労働時間その他の労働条件に係る差別的取扱いは禁じられています。したがって最低賃金、労働時間等の最低労働条件は、外国人労働者に対して当然適用されますし、就業規則等の適用に際しても、外国籍を理由とした不合理な差別は禁じられます。その他、外国人労働者を雇用するうえでの留意点について、厚労省から「外国人労働者の雇用管理の改善等に関して事業主が適切に対処するための指針」（平成19年厚労省告示第276号）が示されています。➡10

➡10 外国人指針では、採用から退職に至るまで外国人労働者の雇用上の留意点が示されていますが、日本語の習熟度合いに応じた事業主の支援の必要性とともに、日本人労働者と外国人労働者とが文化、慣習等の多様性を理解しつつ共に就労できるよう努めることが示されています。

(2) **就労目的で在留資格が認められている外国人労働者**　まず「技術・人文知識・国際業務」などの特定の就労目的で在留資格が認められた外国人労働者は、当該該当性のある活動であれば、当然に国内での就労が認められます。在留資格が認められているものとしては、「技術・人文知識・国際業務」とともに「外交、公用、教授、芸術、宗教、報道、高度専門職、経営・管理、法律・会計業務、医療、研究、教育、企業内転勤、介護、興行、技能」、さらに後述する特定技能、技能実習などが挙げられます。

「技術・人文知識・国際業務」の在留資格が認められる例につき、出入国在留管理庁が事例を示していますが、その一例として「国際IT科においてプログラミング等を修得して卒業した者が、本邦の金属部品製造を業務内容とする企業との契約に基づき、ホームページの構築、プログラミングによるシステム構築等の業務に従事するもの」などが示されています。

(3) **技能実習・特定技能制度**　技能実習制度とは、国際貢献のため、開発途上国の外国人を日本で一定期間（最長5年間）に限り受け入れ、OJTを通じて技能を移転する制度です。受け入れの方式としては、企業単独型と団体監理型があり、95％が後者となります。団体監理型の場合、技能実習生は入国後に日本語教育等の講習を受けた後、実習実施機関との雇用関係の下で、実践的な技能等の修得を図ります。同機関は、技能実習指導員を配置し技能実習計画に従って技能実習を行うとともに、生活指導員を配置し技能実習生の生活管理にも細かく配慮することとされています。入国してから1年間は講習・実習を通じて基礎的な技能習得を図りますが、その後、段階的な実習と資格取得を要件とし、最大5年間の技能実習が可能とされています。

また在留資格「特定技能」が創設されており、一定の専門性・技能を有し即戦力となる外国人材の受け入れを拡充しています。特定技能としては、相当程度の知識又は経験を要する技能を要する業務に従事する外国人向けの在留資格「特定技能1号」と、同分野に属する熟練した技能を要する業務に従事する外国人向けの在留資格「特定技能2号」とします。この「特定技能1号」、「特定技能2号」の対象となる業種等については、政省令等で定められており、建設業、造船・船用工業、自動車整備業、航空業、宿泊業、ビルクリーニング、農業、漁業、飲食料品製造業、外食業、素形材産業、産業機械製造業、電気電子情報関連製造業、介護業などが示されています。➡11

➡11 介護については、特定技能1号に含まれますが、現行の専門的・技術的分野の在留資格「介護」があることから、特定技能2号の対象分野としない取扱いとなりました。その他の対象分野については、2023（令5）年8月31日から特定技能1号・2号の対象業種等は同様となりました。

特定技能1号については、在留期間の上限は通算5年とされており、技能実習制度による在留期間を合わせれば最大で10年間の在留資格が生じうることとなります。また特定技能2号は在留資格に上限はなく、かつ第1号では認められていない「家族帯同」も認められる制度とされています。この技能

実習・特定技能制度については、これまで繰り返し実習実施機関、管理団体等による不当な人身拘束、サービス残業強要等の様々な課題が指摘され続けているところ、2024年度通常国会において、改正入管法等が成立しており、2027年以降の新制度（育成就労制度）の施行に向け、制度見直しの検討が進められています。[12]

(4) **特定活動・留学生の資格外活動許可** また2019（令元）年から本邦の大学または大学院を卒業・修了した留学生の就職支援を目的とした「特定活動」での入国・在留許可が制度化されています。これは、本邦の大学等において習得した広い知識・応用的能力等のほか、留学生としての経験を通じて得た日本語能力の活用を要件として、幅広い業務に従事する活動を認めるものであり、前述した「技術・人文知識・国際業務」等と異なり、特定業務のみならず、「一般的なサービス業務・製造業務」等への従事も可能とします。

最後に留学生等で、かつ資格外活動許可を得た外国人は、その許可の範囲内で就業可能ですが、許可に際しては原則として週28時間の範囲内での就労に限定されています（留学の在留資格の場合には、在籍する教育機関が学則で定める長期休業期間にあるときは、1日について8時間以内〔入管法施行規則第19条5項1号〕）。したがって、この資格外活動許可の基準を超えて、週30時間等の就労をした場合には、ただちに「不法就労罪」「不法就労助長罪」に該当するため許されず、A店長は留学生C君の就労が週28時間以内となるよう、絶えずチェックしなければなりません。

→12 政府は、技能実習制度を廃止し、代わりに別企業への転籍を認める等の見直しを盛り込んだ「育成就労制度」の創設を柱とする改正入管法案を国会に提出したところ、令和6年6月14日に可決成立し、同月21日に公布されました。同法の施行は公布の日から3年以内を予定しており、それまでは技能実習制度が存続することとなります。

❽のQ&A：
理解度チェック

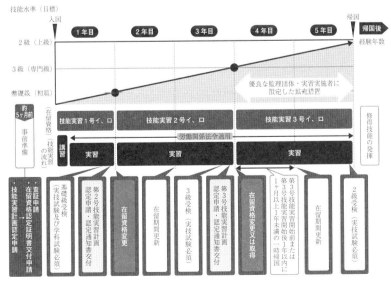

資料❷　技能実習生の入国から帰国までの流れ

出典：公益財団法人国際人材協力機構HP（https://www.jitco.or.jp/ja/regulation/）より。

労働時間規制は何のため？

最近、私が受け持っている大学の講義で、過労自死遺族の方に講演をしていただくという機会を得ました。これは厚生労働省の受託事業として実施されているものです。当日は、医師であった夫を亡くされたご遺族と看護師であるご子息を亡くされたご遺族のお二人の方にお越しいただき、生前の故人のエピソードや法廷闘争を含めてどのような活動をされてきたのか、残された遺族がどのような気持ちで今日まで生きてこられたかということを、これから社会に出ていく学生のために聞かせてくださいました。仕事に誇りをもち、家族を大切にしていた故人が、どうして仕事のために追い詰められていくことになったのか、なぜ大切な家族に大きな喪失感と悲しみをもたらす悲壮な選択をしてしまったのか。原因として浮かび上がってきたのは、恒常的な長時間労働の存在でした。私たちは、どうしたら長時間労働を当たり前とする社会からの転換を図ることができるのか。医療従事者以外にも、教育現場では教員の長時間労働も社会問題となっています。こうした方たちが長時間労働により命と健康を削るという犠牲により、ようやく国民全体の生命、健康、教育を支えることができるという状況を放置することは不健全です。技術革新や人材確保のための政策と国民の知恵を総動員して、長時間労働に頼らない社会への転換を目指していかねばなりません。

こうしたことを立法面から支えるために、労働時間規制の強化は大きな意義を持っています。労働時間規制については、従前は時間外労働の限度時間について、厚生労働大臣が基準を定めることとされ（旧労基法36条2項）、いわゆる「限度基準告示」として、月45時間、年360時間などといった限度時間が設けられました（平10労告154号）。ただし、「特別条項付き三六協定」を結ぶことにより、限度時間を超えることを許容する「特別延長時間」の取扱いが許容されていました。その上違反しても罰則がなかったことから強制力に乏しく、特別条項を濫用的に利用すれば限度基準を超えて上限なく時間外労働をさせることが可能となってしまうことが問題とされていました。そこで本文でも触れたように働き方改革法により上限規制が導入されました。具体的には、①時間外労働（休日労働は除外）の上限について月45時間、年360時間を原則とし（労基法36条4項）、②特別条項利用時の上限を設けて、特別な事情がある場合であっても、年720時間（休日労働は除外）、単月100時間未満（休日労働を含む）、複数月平均80時間（休日労働を含む）を限度に設定しました（同5項・6項）。そして上記の最大限度を超えて労働させた場合は罰則（6カ月以下の懲役または30万円以下の罰金）の対象としたのです（同法119条、適用対象は同法36条6項違反）。なお、時間外労働の「限度基準」（同4項）と、特別条項の上限（同5項）を超える時間外・休日労働協定の効力は労基法36条の要件を満たさないものとして無効となるという解釈通達が示されています（平成30年12月28日基発15号）。

このように働き方改革法では労働時間規制を強化する制度が導入されましたが、同時に、専門的かつ裁量的な働き方に適合する労働時間の適用除外制度を設けるべきであるという声を反映して、高度プロフェッショナル制度が新設されました。この制度は、高度専門職（金融商品や金融ディーラー、アナリスト、コンサルタント、研究開発業務等）のうち高年収（年間賃金額が基準年間平均給与額の3倍を相当程度上回る水準として厚生労働省令で定める額（1075万円）以上）を得ている労働者を、本人の希望（同意）に基づいて、労基法の労働時間規制の適用除外とすることとしたものです。同制度が適用されると、三六協定がなくとも時間外・休日労働ができ、かつ、時間外・休日・深夜割増賃金も支払われないことになります。労働時間規制、割増賃金規制が及ばないという点で裁量労働制とも異なり、深夜労働の割増賃金規制が及ばない点で管理監督者よりも適用除外となる範囲が広いという特徴を持ちます。この制度は、長時間労働やサービス残業のために制度が悪用されないよう、一定の健康確保措置を講じることや行政官庁への届出等の制度導入の具体的な手続きも法定されていますが、やはり長時間労働を助長するのではないか、過重労働抑止に逆行するのではないかとの懸念は拭えません。

労働者の健康確保の観点からは、働き方改革法で導入された労安衛法66条の8の3の規定（労働時間の状況把握義務）が適正に運用されることが重要です。この規定は、管理監督者のような労基法上の労働時間規制の適用除外とされている労働者を含めて、健康確保の観点から「労働時間の状況」（労働者がいかなる時間帯にどの程度の時間、労務を提供し得る状態にあったか）については事業者が把握しなければならないとしており、健康を害するような恒常的な長時間労働が蔓延していないか、待遇と見合わない労働実態となっていないか等をチェックし、労使で改善する機会を確保するうえで不可欠な規制といえます。

ただ法律を改正しても、仏作って魂入れずではなんの意味もありません。そのためには、ワークルール教育を通じて、私たち一人ひとりが自分自身や他人の働き方について関心を持ち、より良い働き方とは何かを考えて議論することが何より重要であると思います。

第III部

職場の環境
…働き続けるためのルール

9 職場で何をするとマズいの？
▶労働者の労働契約上の義務と懲戒権の行使

設例 Aさんは、この4月から、ケーキの製造・販売を行うワークルール製菓という会社に勤めることになりました。ところが、8月に会社からいきなり「クビにする」と言われました。びっくりしたAさんが、会社の上司にその理由を聞いたところ、「お前は、仕事時間中に会社のパソコンで私用のメールをしていただろう。また、ブログで会社の秘密の調理法を公開したじゃないか。それから、月曜日と木曜日の夜7時から9時までの間居酒屋でバイトしていたことも知っているんだぞ」「そんな人間に、会社にいてもらうわけにはいかないんだ」などと言われました。Aさんは、もう会社では働くことはできないのでしょうか？
　また、Aさんは、退職後に自分で開業してケーキ店を営もうと考えていました。これは許されるのでしょうか？

1 使用者と労働者はどんな義務を負うの？

　ある会社で働くことになった場合、その会社との間で、**労働契約**という契約を結びます。これは雇用契約ともいいます。
　契約とは、人と人、人と会社との間で結ばれる約束で、破った場合には、裁判所がその契約を強制的に守らせたり、守らなかった場合には損害賠償を支払うことを命じます。
　スーパーマーケットで食品を買うときのことを思い出してみましょう。ここでは、**売買契約**と呼ばれる契約が結ばれています。売買契約を結ぶと、スーパーマーケットは、その食品の所有権をあなたに移転させる義務を負っている一方、あなたも、代金を支払う義務を負っています（資料❶参照）。このように、契約の両当事者（たとえば、買主と売主）が、互いに義務を負担する契約のことを、**双務契約**といいます。
　それでは、「会社で働く」場合、つまり、労働契約におけるそれぞれの義務とは何でしょうか。あなたが、会社に入ってしなければならないのは、言うまでもなく「仕事」です。これによって、あなたがもらえるのが賃金（給料）です。つまり、労働契約においては、労働者が「仕事」をする代わりに、使用者が「賃金」を支払うのです（資料❷参照）。これも、使用者と労働者という契約の両当事者が、互いに義務を負うので、双務契約の一種とされています。
　もっとも、会社内でどんな仕事をするかは、入社時においてすべて決まっているわけではありません。
　一般的な会社においては、あらかじめ労働時間が決められています（これを**所定労働時間**といいます）。所定労働時間の中で、会社からの命令によって様々な仕事をしていき、命令に従って1か月働いたことの対価として、賃金（給与）を受領するのです。
　このように、会社の使用者は、労働者に対し、労働の内容や方法を決める

➡ 1 労働契約
　民法で規定されている契約には、売買、贈与、交換、消費貸借、使用貸借、賃貸借、請負、委任、寄託などがあります。この他、保険法が規定する保険契約があるほか、当事者で法律に定めのない契約をすることもできます。

➡ 2 双務契約
　双務契約には、売買契約のほかに、不動産等を使用させる代わりに賃料を支払わせる賃貸借契約や、ある仕事を完成させ、これに対し報酬を支払う請負契約があります。

➡ 3 もっとも、近時は、労使協定で定めを置く等によって、フレックスタイム制や裁量労働制など、労働する時間を自分で決める仕組みをとることもできるようになっています。

60　第Ⅲ部　職場の環境

命令を出すことのできる権限をもっています（これを、**労務指揮権**といいます）。逆に、労働者は、使用者の命令に従って労働する義務があります（これを労働義務、または**誠実労働義務**といいます）。

　もっとも、使用者は、どんな命令でも出せるわけではありません。たとえば、見せしめや嫌がらせのために不要な仕事をさせるような場合には、命令が違法となったり、無効となる場合もあります。裁判例では就業規則の書き写し命令が見せしめのためのものであったとして、無効としたものがあります。

➡ 4　JR東日本事件・最判平8年2月23日。

2　どんな場合に損害賠償を請求されるの？

　労働契約において、労働者がルールに違反したり、会社に迷惑をかけてしまった場合には、①会社から損害賠償請求をされる、②会社から懲戒処分をされるという可能性があります。もっとも、会社は労働者に対し自由に処分したり損害賠償を請求したりすることができるわけではありません。そこには一定のルールがあります。

　まず、損害賠償をどんな場合に請求されるのかみてみましょう。

　労働者は、労働契約において、使用者の正当な利益を不当に侵害してはならないよう配慮する義務があります。これを、**誠実義務**といいます。

　この誠実義務の内容としては、①秘密保持義務、②競業避止義務が代表的なものとして挙げられます。

（1）**秘密保持義務**　会社のノウハウや顧客情報を自分で使用したり、開示したりしてはならないという義務です。

　この秘密保持義務は、その労働者が会社にいる場合には、当然に発生するとされており、これに違反すると会社に対する損害賠償責任を負う可能性があります。

　それでは、このような秘密保持義務は、その会社を退職した後にも負うのでしょうか。Aさんは、退職した後、会社のレシピを使ってケーキを作ることはできるのでしょうか。

➡ 5　労働契約法3条4項は「労働者及び使用者は、労働契約を遵守するとともに、信義に従い誠実に、権利を行使し、及び義務を履行しなければならない。」と規定し、これが誠実義務の根拠とされています。

資料❶　売買契約の仕組み

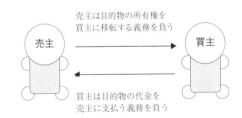

資料❷　労働契約の基本的な仕組み

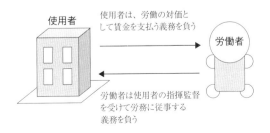

資料❸　労働者と使用者の義務

使用者の義務	賃金支払義務（給与を支払う義務） 安全配慮義務（労働者の生命・身体の安全を確保するよう配慮する義務） その他労働者に対する配慮義務
労働者の義務	就労義務（仕事をする義務） 誠実義務 　秘密保持義務 　（仕事上の重要な秘密をもらさない義務） 　競業避止義務 　（在職中に使用者と競合する企業に就職したり、自ら事業を営んではいけない義務） ＊ただし退職後にも常にこれらの義務を負うわけではない。

9　職場で何をするとマズいの？　61

退職した後は、当然に秘密保持の義務を負うわけではありませんが、①不正競争防止法に違反する場合、②会社と秘密保持の契約を結んだ場合には、損害賠償や差止めを請求される可能性があります。

まず、①の不正競争防止法ですが、使用者の情報のうち、秘密として管理され、公然と知られていない有用な技術上または営業上の情報は、不正競争防止法による保護を受けます。設計図、製造ノウハウ、顧客名簿、販売マニュアルなどが対象となります。

退職した労働者が、このような情報を不正に使用したり、開示する等の行為をした場合には、損害賠償を請求されたり、刑事罰を科される可能性があります。

もっとも、会社にある情報のすべてが保護の対象となるわけではありません。たとえば、レシピでも、鍵についた棚に保管されず、「マル秘」という表示もない場合や、パソコンにデータとして保存されていてもパスワードが設定されていない場合など、従業員がその情報を秘密であると認識できない場合には、「秘密として管理」されていないことになり、保護の対象となりません（不正競争防止法2条6項）。[6]

また、レシピでもありふれた調理法については、公知のものであるとして、保護が否定される可能性が高いといえます。[7]

次に、②の秘密保持の契約ですが、このような契約を結んだにもかかわらず、契約に違反してその情報を使用したり開示したりすると、債務不履行に基づく損害賠償請求や契約に基づく差止請求を受けることがあります。

具体的な条項は、以下のようなものが一般的です。

> 第3条　従業員は、退職後において、その職務に関し知り得た秘密を漏らしてはならない。

もっとも、このような契約を結んだ場合であっても、一般的に知られたレシピやノウハウについては、これを使用しても契約の違反にならないとされています。[8]

(2) 競業避止義務　使用者と競合する企業に就職したり、自ら事業を営んではいけない義務です。労働者は、会社に在職している間は、当然に競業避止義務があるとされます。

問題は、その会社を退職した後も、ケーキ店を営むことができないのかという点です。

退職後においては、労働者は原則として競業避止義務を負わないとされています。[9]　もっとも、就業規則や契約で退職後も競業避止義務を課される場合があります。たとえば、退職の際、以下のような誓約書に署名・押印させられることがあります。

> 　この度、一身上の都合により退職したくお届け致します。
> 　なお、円満に退職するため、退職後においても貴社の機密をもらすことはもちろんのこと、退職後3年間は同業他社に就職すること、および個人あるいは会社として同一又は類似の事業を営むことは一切致しません。

[6] 他方で、その情報にアクセスできる従業員が限られており、ユーザー名とパスワードを入力しないとアクセスできない場合には「秘密として管理」されたものと認められる可能性が高くなります（マルエイシステム事件・知財高判平30年3月26日）。

[7] クレープミックス液配合割合事件・東京地判平14年10月1日では、クレープミックス液の配合割合が公知のものとなっており、かつ秘密として管理されていたとはいえないとして、損害賠償請求が棄却されています。

[8] フォセコ・ジャパン・リミティッド事件・奈良地判昭45年10月23日は、「被用者が他の使用者のもとにあっても同様に修得できるであろう一般的知識・技能を獲得したに止まる場合には、それらは被用者の一種の主観的財産を構成するのであってそのような知識・技能は被用者は雇用終了後大いにこれを活用して差しつかえなく、これを禁ずることは単純な競争の制限に他ならず被用者の職業選択の自由を不当に制限するものであって公序良俗に反する」としています。

[9] 三佳テック事件・最判平22年3月25日は、退職した労働者が所属していた会社の取引先と取引を開始した事案について、会社の営業秘密を用いたり、会社の信用をおとしめたりするなどの不当な方法を用いていないとして、不法行為の成立を否定しています。

このような競業避止義務の定めは、常に有効なのではなく、競業避止義務を定める目的が正当なものであり、かつ、禁止される競業の範囲が広すぎない場合にのみ有効となります。なぜならば、競業避止義務が広く有効とされると、労働者の**職業選択の自由**[10]が奪われてしまうからです。

たとえば、たんにお客さんを取られないための競業避止義務であれば、無効となります[11]。これに対し、企業のノウハウや秘密を保護するためのものであれば、競業避止義務の目的が正当なものと判断される可能性が高いといえます。しかし、そのような目的がある場合であっても、禁止される期間が5年間と長期にわたる場合や、同種の業務を営む会社への就職をすべて禁止する場合には、競業避止義務は無効となり、義務に違反しても会社からの損害賠償請求が認められない可能性が高くなります[12]。

このように、競業避止義務の誓約書にサインしてしまったとしても、同じ事業がまったく営めなくなるわけではないのです。また、このような誓約書に署名しなかったことを理由に退職を制限することはできません。

(3) 使用者の労働者に対する損害賠償請求　(1)(2)でみた秘密保持義務、競業避止義務のほか、労働者が仕事をしていくうえで、必要な注意を怠り、会社に損害を与えてしまった場合には、債務不履行として損害賠償の責任を負う場合もあります。

しかし、レジ打ちのミスなど、通常起こり得るミスについて、労働者は賠償の責任を負いません。また、重大なミスや故意に不適切な行為を行った場合であっても、発生した損害の全額を賠償しなければならないわけではありません。タンクローリーを運転して追突事故を起こしてしまったことについて、会社が運転手に損害の賠償を請求した事件で、最高裁は、損害の4分の1のみの賠償を認め、それ以上の請求を認めませんでした[13]。これは、会社が事業活動によって利益を得ており、事業活動によって生じる危険について負担すべき立場にあるからです。

会社からあまりに過大な損害賠償を請求された場合には、労働組合や弁護

→10　日本国憲法22条は「何人も、公共の福祉に反しない限り、居住、移転及び職業選択の自由を有する」と定めています。

→11　競業避止義務の目的がたんなる取引先の確保と認定され、公序良俗に反し無効であるとした裁判例としてキヨウシステム事件・大阪地判平12年6月19日があります。

→12　退職後5年間の会社の営業の部類に属する事業を営む企業への勤務および自家営業を禁止した事案について、競業避止義務を公序良俗に反し無効としたニッシンコーポレーション事件・大阪地判平10年12月22日があります。

→13　茨城石炭商事事件・最判昭51年7月8日。

資料❹　就業規則における懲戒事由と懲戒処分の例

A社就業規則	第29条【懲戒処分の種類】
第28条【懲戒事由】 従業員が次の各号の一に該当する場合には、X条の定めるところに従い、懲戒を行う。 1　上司の指示命令に従わなかったとき。 2　素行不良で、職場の秩序または風紀を乱したとき。 3　許可なく職務以外の目的で会社の施設、物品等を使用したとき。 4　職務に関連して自己の利益を図り、又は他より不当に金品を借用し、若しくは贈与を受ける等不正な行為を行ったとき。 5　勤務中は職務に専念し、正当な理由なく勤務場所を離れたとき。 6　在職中及び退職後においても、業務上知り得た会社、取引先等の機密を漏洩したとき。 7　許可なく他の会社等の業務に従事したとき。 8　その他従業員としてふさわしくない行為をしたとき。	懲戒は情状に応じて、次の区分に従って行う。 1　けん責　　始末書をとり将来を戒める。 2　減給　　　賃金を減額する。 3　出勤停止　出勤を停止する。 4　降格　　　役職を引き下げる。 5　諭旨解雇　諭旨のうえ退職を勧告し、応じない場合には懲戒解雇とする。 6　懲戒解雇　即時に解雇する。

士に相談してみることをお勧めします。

3　懲戒について

(1)　懲戒事由について　　会社は、その会社で労働者にやってはいけないことを決めておき、違反した労働者に罰を与えることができます。このような使用者の権限を**懲戒権**と呼び、これに基づく処分を**懲戒処分**といいます。

　この懲戒事由と懲戒の内容については、就業規則で定められ、労働者に周知されていることが必要です。また、後から作った懲戒の規定を前の事実にさかのぼって適用することはできません（不遡及の原則）。同じ事実について何度も懲戒をすることも許されません。そして、懲戒する場合には、その労働者に弁明の機会を与えるなどきちんとした手続をする必要があります。[14]

　具体的な懲戒事由については、**資料❹**のように定められます。もっとも、使用者はどんな事情でも懲戒事由にできるわけでなく、①経歴詐称、②職務懈怠、③業務命令違反、④職場規律違反、⑤企業外の行動で会社の影響が大きいもの等の事情が必要です（**資料❺**参照）。

(2)　兼職の禁止について　　**資料❹**の就業規則では7項で「許可なく他の会社等の業務に従事したとき」と定めています。これは先にみた競業避止義務にも似ていますが、会社と競合する事業に限っておらず、より一般的に在職中に他の会社に就職することを禁止するものです。

　では、無断でアルバイトをしていた場合、常に解雇されてしまうのでしょうか。

　裁判例では、兼職を禁止する条項を有効としたうえで、始業開始前の約2時間だけ父親の経営する新聞販売店の手伝いをした事案では、義務違反を否定しています。[15]他方で、会社の幹部役員が他の会社の取締役に就任した事案では、会社の秘密がもれる危険性が高いとして、解雇が有効であるとされています。[16]

　Aさんの事案では、まず、会社に兼業を禁止する就業規則の規定があるかが重要です。就業規則のない場合には懲戒処分にすることができません。また、アルバイトが勤務に支障を来さないようなものであれば、懲戒解雇は処分として重すぎるため無効となる可能性が高いでしょう。

　現在、二重就職者が増えている傾向にあります。そのため、より兼職を認めていくよう法律を変えていこうという動きもあります。[17]

(3)　懲戒処分の内容　　労働者に懲戒事由がある場合には、会社はどんな処分もしてよいのでしょうか。

　この点について、労働契約法15条は、「……当該懲戒が、当該懲戒に係る労働者の行為の性質及び態様その他の事情に照らして、客観的に合理的な理由を欠き、社会通念上相当であると認められない場合は、その権利を濫用したものとして、当該懲戒は、無効とする」と定めています。

　簡単にいうと、問題となる労働者の行為が会社に与えた損害や迷惑の程度に応じた処分しかできず、不当に重い処分は無効となるのです。特に、**懲戒解雇**は、重大な義務違反がある場合に、「最後の手段」としてしか用いることができません。たとえば、懲戒事由に「遅刻をしてはならない」と書いていたとしても、1回の遅刻で懲戒解雇にすることはできないのです。[18]

　また、**減給**の処分については、1回の額が平均賃金の1日分の半額を超え

➡️14　フジ興産事件・最判平15年10月10日が「使用者が労働者を懲戒するには、あらかじめ就業規則において懲戒の種別及び事由を定めておくことを要する」と判示したうえで、拘束力が生じるためには事業場の労働者に周知される手続がとられることが必要であるとしました。

➡️15　国際タクシー事件・福岡地判昭59年1月20日。

➡️16　橋元運輸事件・名古屋地判昭47年4月28日。

➡️17　厚生労働省「副業・兼業の促進に関するガイドライン」（2022年7月改定）は「……原則、副業・兼業を認める方向とすることが適当である」としています。

➡️18　他の労働者へのセクシャルハラスメントについては重い懲戒処分が認められることもあります（性的表現を繰り返していた管理職について出勤停止処分を有効としたL館事件・最判平27年2月26日）。

64　第Ⅲ部　職場の環境

てはならず、総額が一賃金支払期における賃金の総額の10分の1を超えてはいけないとされています（労基法91条）。

懲戒処分として降格をすることもできますが、これは人事権の行使としての降格（本書❼参照）とは別のものであり、不当に重い処分は許されません。

なお、**諭旨解雇**は、解雇相当だと思われる場合に、労働者に退職金の一部や全部を受領させて退職させるために用いられるものです。

(4) 設例の検討　それでは、設例の事案に沿って考えてみましょう。

まず、会社に就業規則があり、懲戒事由が定められているかを確認する必要です。ここでは**資料❹**の就業規則が定められていたとします。

「私用でメールをしたこと」については、28条3号の「許可なく職務以外の目的で会社の施設、物品等を使用したとき」に該当する可能性があります。なぜなら、会社のパソコンは、会社の物品にほかならず、私用メールは「職務以外の目的」にあたるからです。

しかし、私用メールについては、戒告の処分を受けることは仕方がないとしても、それによって会社に与える不利益の度合いはさほど大きなものとはいえず、それのみで懲戒解雇をすることは困難です。仮に、ワークルール製菓が懲戒解雇をしてきた場合には、労働契約法15条により権利の濫用として無効となる可能性が高いのです。

これに対し、会社の調理法をブログで公開する場合には、28条6号の「業務上知り得た会社……の機密」の「漏洩」にあたり、それが会社の重要な営業秘密であり、公開で売上げが大きく減少したのであれば、より重い処分も有効とされるでしょう。

以上のように、会社は懲戒処分を自由にできるのではなく、労働者が本当に会社に迷惑をかけ損害を与えた場合に、その限度でのみ許されるのです。逆にいえば、労働者は会社のいかなる処分も甘んじて受け入れなければならないわけではありません。不当な処分に対しては会社と闘うことが個人の権利を実現するのみならず、職場の環境を良くすることにもつながるのです。

❾のQ&A：
理解度チェック

資料❺　懲戒処分がなされうる事由

類　型	具　体　例	留　意　点
①経歴詐称	履歴書や採用面接で経歴を偽ること	懲戒事由となるためには重要な経歴（学歴、職歴など）の詐称が必要。
②職務懈怠	無断欠勤、遅刻・早退 勤務態度がよくないこと 勤務成績がよくないこと	職場の士気に悪影響を与えるなど職場秩序を乱す場合に限り懲戒事由となる。
③業務命令違反	労働の指示・命令についての違反 出張・配転・出向等の人事命令についての違反	指示・命令が労働契約の範囲内であることが必要。
④職場規律違反	上司や同僚を殴ったり、脅したりすること 同僚を非難し中傷するメールを送信すること 企業財産の横領・窃盗 取引先から賄賂を受け取ること 不正な経理をすること	企業内で政治活動を行うことは直ちに懲戒事由となるわけではなく、企業秩序を乱すおそれがある場合にのみ懲戒事由にできる。暴行や横領の場合には重い処分が可能である。
⑤企業外の行為	犯罪行為を行うこと 企業秘密をもらすこと	企業外での犯罪行為については会社の社会的評価に及ぼす悪影響が重大である場合に懲戒事由となる。

10 職場でセクハラやいじめにあったら？

> **設例** 新入社員のAさんは、熱心に仕事に取り組んでいたのですが、初めてのことだらけで失敗が続き部長のCさんからたびたび注意を受けていました。注意の際に、「無能だ」「嫌なら辞めろ」等と言われることもありました。自分のミスが原因だと反省する一方で、注意の仕方が原因で萎縮してしまい仕事に行きたくないと思うことが多くなりました。
> また、Aさんの職場では、同僚のB子さんが男性の上司（部長）Cさんから気に入られていて指導をされる中で、「付き合って」などとも言われるようになり、職場にいることが苦痛になっていたようでした。

1 職場でのセクハラ・いじめは多いの？

職場におけるセクシャルハラスメント（セクハラ）・パワーハラスメント（パワハラ）の相談は毎年増加しています。都道府県労働局に寄せられる「いじめ・嫌がらせ」に関する相談も年々増加し、相談、助言・指導の申し出、あっせんの申請の全項目で最多といった状況が続いています（資料❶参照）。

働くことはお金を稼ぐ手段であると同時に、自分自身の能力を発揮したり高めていくことのできる手段であり、また他者から感謝されたり社会に貢献できる手段でもあります。そして、多くの人が、自分の仕事が人の役に立ったと認められることは、生きがいにもなり、また労働現場で力を発揮していく際の原動力にもなります。

セクハラ・パワハラは、仕事へのやる気や自分が認められているという実感、自分が人の役に立っているという確信や力を発揮する原動力を失わせることにつながります。また、こうしたことは働く者の心の健康の悪化にもつながり、休職や退職に至る場合もあります。さらには、こうした被害を受けた人のみならずその周囲の人たちの働く意欲をそぎ、生産性を低下させることにつながり職場の業績が悪化するといった**企業の損失**につながるといった様々な問題に波及していきます。

セクハラ・パワハラとはどういったことを指すのか、そしてなぜそういった問題が起きているのかを概観し、どういった対策をとりうるかみていきましょう。

2 セクハラとはどういったものを指すの？

> ■展開例1 B子さんは、部長のCさんから気に入られていて日々、「付き合って」「一緒に食事に行こう」と誘われていました。B子さんは職場での良好な人間関係を築くため部長の話にも笑顔で答えていましたが、ある日部長の行動がエスカレートし職場で二人きりになったときに手を握られました。

➡1 なお、職場でのハラスメントの類型として、マタニティハラスメント（マタハラ）も問題になっていますが、詳細は本書⓬を参考にしてください。

➡2 企業の損失
「パワー・ハラスメントの実態に関する調査研究　報告書」(2005(平17)年中央労働災害防止協会)によれば、パワハラによる企業の損失には、社員の心の健康を害する、職場風土を悪くする、本人のみならず周りの士気が低下する、職場の生産性を低下させる、といったことが挙げられています。

(1) セクハラにはどういったものがあるのか　大きくは2つに分類できます。①対価型：職場において女性労働者の意に反して性的な言動を行い、女性労働者がそれを拒んだことに対し、解雇、降格、減給等の不利益を受けるといった形態のもの（例：上司からの誘いを断ったことを理由に左遷するなど）、②環境型：職場において女性労働者の意に反して性的な言動を行い、女性労働者の就業環境が不快なものとなったため、能力の発揮に重大な悪影響が生じる等、就業するうえで看過できない程度の支障が生じるといった形態のもの（例：上司が職場においてわいせつな言動等を行い性的に不快な職場環境にするなど）（雇用の分野における男女の均等な機会及び待遇の確保等に関する法律（男女雇用機会均等法、以下「均等法」といいます）11条1項参照）。

(2) 意に反する行為とはどういった行為を指すのか　「平均的な女性の感じ方」を基準として、相手が「不快」と感じるか否かで判断されます。「平均的な女性の感じ方」を基準に判断する際には、いくつかの事項が要素になります。

「彼氏がいるの？」といった性的事実に関する質問や、「付き合ってほしい」といった性的関係の強要、胸・お尻・肩を触る身体の接触、わいせつな画像をメールで送るなどの行為がセクハラに該当しえます。

設例や展開例1のC部長の言動は、上司と部下という関係性において、性的関係を強要したり、身体的接触をするものですので、セクハラに該当します。仮に、C部長がB子さんとコミュニケーションを図る意思があったとしても、平均的な女性の感じ方を基準として不快と感じさせるものですので、セクハラ行為といえます。

3　なぜ職場でセクハラが起きるの？

女性が社会進出をするようになってきてはいますが、他の国に比較すると女性の社会での活躍の比率は低く、女性の活躍が益々要請されています。これは、男尊女卑といった女性蔑視の考え方も依然として残っていることが原

→3　セクハラは、男性労働者に対する嫌がらせもあり、被害者は女性労働者に限られません。「男らしくない」といって男性労働者を非難したり、飲み会の席で男性労働者に服を脱ぐことを強要する等といったこともセクハラになりえます。

→4　要素
①行為の具体的態様：時間（就業時間内か）、場所（密室、車中など抵抗できない場所であったかどうか）、内容（悪質性）、程度（反復・継続しているか）。②当事者相互の関係：加害者（同僚か上司か等）、被害者（母子家庭など仕事を辞めると直ちに経済的に困窮する立場にあるか、若い女性など比較的断ることが難しい立場にあるか等）。③とられた対応。④いじめや人事上の不利益があったかどうか。

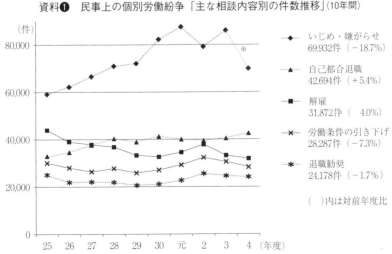

資料❶　民事上の個別労働紛争「主な相談内容別の件数推移」（10年間）

いじめ・嫌がらせ　69,932件（-18.7%）
自己都合退職　42,694件（+5.4%）
解雇　31,872件（-4.0%）
労働条件の引き下げ　28,287件（-7.3%）
退職勧奨　24,178件（-1.7%）
（　）内は対前年度比

※令和4年4月の改正労働施策総合推進法の全面施行に伴い、（これまで「いじめ・嫌がらせ」に含まれていた）同法上のパワーハラスメントに関する相談は全て（同法に基づく対応となり）別途集計することとなったため、令和3年度以前と令和4年度以降では集計対象に大きな差異がある。
出典：https://www.mhlw.go.jp/content/11909000/001114181.pdf

因の1つと考えられています。

　均等法では、女性労働者に対する性的嫌がらせを阻止する規制が定められていましたが、2020年6月施行の改正均等法ではよりその規制が強化されています。また、事業主が職場における性的な言動に起因する問題に関して雇用管理上講ずべき措置についての指針において、具体的に使用者がとるべき措置が明確に定められています（コラム参照）。

　このように法律や指針において、セクハラは違法であることが明示され、使用者や加害者個人に対し法的な責任が認められるようになってきていますが、残念ながらまだまだセクハラの被害は日々起こっています。

4　パワハラとはどういったものを指すの？

■展開例2　新入社員のＡさんは、少しでも早く仕事を覚えて一人前の仕事ができるようになりたいと熱心に仕事に取り組んでいました。ところが、初めてのことだらけで失敗も多く、部長からたびたび注意を受けていました。部長は体格も大きく、注意をする声も威圧的で、Ａさんの失敗が続くと「無能だ」「嫌ならやめろ」「給料どろぼう」など他の従業員にも聞こえるほどの大きな声で叱責しました。Ａさんは自分自身の失敗が原因であるため叱責されるのもやむをえないと反省する一方で、部長があまりに厳しいため職場に行くことが苦痛になってしまいました。

　(1)　**パワハラの定義**　　2020年6月施行の労働施策総合推進法（以下「推進法」といいます）の改正によって、パワハラの定義が法制化されました。パワハラとは、職場において行われる、①優越的な関係を背景とした言動であって、②業務上必要かつ相当な範囲を超えたものにより、③労働者の就業環境が害されるものです（推進法30条の2第1項）。

　パワーハラスメントということばは、上司から部下へのいじめ・嫌がらせを指して使用されることが多いですが、それだけではなく、同僚からのいじめや、ＩＴ知識が豊富な若手社員が上司に対し嫌がらせをするといった事例もあることから、同僚間、先輩・後輩間、さらには部下から上司に対して行われるものも含みます。そのため、被害者と加害者の関係性については「職務上の地位」のみならず人間関係や専門知識など様々な優位性が含まれると定義されています。パワハラにあたるかを判断するに際しては、指導や教育との境界が問題になりますが、人格を非難する言動や職務能力の向上という目的達成にそぐわない言動は受け入れなければならない程度を超え、指導、教育とはいえずパワハラに該当すると考えられています。

　(2)　**具体例**　　(ｱ)暴行・傷害（身体的な攻撃）、(ｲ)脅迫・名誉毀損・侮辱・ひどい暴言（精神的な攻撃）、(ｳ)隔離・仲間外し・無視（人間関係からの切り離し）、(ｴ)業務上明らかに不要なことや遂行不可能なことの強制、仕事の妨害（過大な要求）、(ｵ)業務上の合理性なく、能力や経験とかけ離れた程度の低い仕事を命じることや仕事を与えないこと（過小な要求）、(ｶ)私的なことに過度に立ち入ること（個の侵害）。

　業務上の適正な指導との線引きは容易ではなく、業種や企業文化の影響を受け、具体的な判断において行為が行われた状況や行為が継続的であるかどうかもパワハラにあたるか否かは左右されます。判断にあたっては、厚労省告示（**資料❷**）は参考になります。

5 なぜ職場でパワハラが起きるの？

成果主義、企業間競争の激化により労働者に余裕がなくなり、他の労働者に対する嫌がらせを増長させるということは一因と考えられています。また、正規雇用のみならず非正規雇用の労働者など雇用される形態が多様化し、立場の異なる人たちが職場に増え、人間関係が希薄になることによる摩擦からもパワハラが生じると考えられています。

そのような中、推進法では、「当該労働者からの相談に応じ、適切に対応するために必要な体制の整備その他の雇用管理上必要な措置を講じなければならない」（推進法30条の2第1項）と事業主に措置義務が設定されました。

また、措置義務の内容については、指針を定めています（令和2年1月15日厚労告5号「事業主が職場における優越的な関係を背景とした言動に起因する問題に関して雇用管理上講ずべき措置等についての指針」）。同指針においては、①事業主の方針等の明確化及びその周知・啓発、②相談・苦情に適切に対応するための必要な体制の整備、③事後の迅速かつ適切な対応を挙げています。

6 セクハラ、パワハラの加害者、会社はどのような責任を負うの？

> ■展開例3　B子さんは部長のセクハラ行為によって会社に行けなくなってしまいました。また、Aさんも部長の叱責が続き心労がたまりうつ病を発症し、休職しています。
> 　　何らかの方策をとることはできないでしょうか？

　(1)　加害者個人の責任　　加害者個人には①刑事責任[5]、②民事責任（被害者に対する不法行為に基づく損害賠償責任）、③懲戒処分[6]の3つの責任が生じえます。

　(2)　会社の責任　　①不法行為に基づく損害賠償責任[7]、②債務不履行責任に基づく損害賠償責任。会社は使用者として労働者に対して（労働したこと

→ 5　刑事責任
セクハラは、不同意性交等罪、不同意わいせつ罪等、パワハラは、名誉棄損罪、傷害罪、暴行罪、侮辱罪等に該当しえます。言動や態様による加害行為でも、その行為が長期に継続的になされる場合には、傷害罪や脅迫罪、威力業務妨害罪などに該当しえます。

→ 6　懲戒処分
労働者は、企業運営や職場の人間関係を乱してはならないという企業秩序・職場秩序を遵守する義務を負い、使用者は、この義務に違反した労働者に対し、非違行為の是正、発生防止を目的とした懲戒処分（解雇、降格、減給、戒告等）をなしえます。

→ 7　使用者の不法行為責任
均等法や推進法の措置義務違反が直ちに不法行為上の注意義務違反にならないのですが、措置義務を尽くしていたかは注意義務違反の判断にあたり参考にされることとなります。

→ 8　職場環境配慮義務
職場環境配慮義務には、良好な職場環境のもとで労務に従事できるように職場を整備し、セクハラ等が発生した場合には適切な措置・対処を講じ誠実かつ適正に対処することを含むと考えられています。

⊃⊃ム 男女雇用機会均等法と指針

　均等法の11条1項では、事業主は労働者からのセクハラの相談に応じ、必要な措置を講じることが求められています。また、2020年6月施行の改正均等法では、セクハラの相談をした労働者等に対し解雇等の不利益取扱の禁止（11条2項）、セクハラ防止の啓発活動、事業主と労働者双方に対しセクハラへの関心と理解を深め、他の労働者に対する言動に必要な注意を払う努力義務等も規定されました（11条の2）。「事業主が職場における性的な言動に起因する問題に関して雇用管理上講ずべき措置についての指針（平成18年厚生労働省告示第615号）【令和2年6月1日適用】」では具体的に以下の内容が定められています。

　(1)　事業主の方針の明確化、その周知・啓発　　職場におけるセクハラの内容、セクハラがあってはならない旨の方針の明確化、セクハラ行為者を厳正に対処する旨の方針・対処の内容を就業規則その他の服務規律等に規定し、管理・監督者を含む労働者に周知・啓発することが求められています。

　(2)　相談窓口等必要な体制の整備　　セクハラ相談窓口を定め、労働者に周知すること、相談の内容や状況に応じ適切に対応できるようにすることが求められています。

　(3)　事後の迅速適切な対応　　セクハラ問題が発生した場合、事実関係を適切かつ正確に確認し、行為者および被害者に適切な措置を行うこと、事実確認の有無にかかわらず再発防止措置を講ずることが求められています。

　(4)　その他の措置　　相談者のプライバシーを保護する措置を講じること、相談したこと、事実関係の確認に協力したこと等を理由に不利益な取り扱いを行ってはならない旨を定め、それらを労働者に周知・啓発することも求められています。

に対する対価として）賃金を支払う義務を負うのみならず、労働者が使用者に対し適切に労働力を提供できるような環境を整える義務、すなわち**職場環境配慮義務**を負っています。そのため労働者が職場においてセクハラやパワハラの被害にあった場合には、会社に対し、この職場環境に配慮する義務を果たすよう要請したり、その義務違反については会社に対し損害賠償を請求することができます。

7　被害者を救済するにはどんな方法が考えられるの？

①口頭での抗議　　パワハラやセクハラの加害者に直接抗議をしたり、前述のとおり使用者は職場環境配慮義務を負っていますので、会社に対し適切な対処をするよう申し入れることが考えられます。特にパワハラは、職場内で労働者間のコミュニケーションや意思疎通の問題が生じていることが原因である場合もありますので、使用者が労働者間の話し合い等による解決策をサポートすることも一方策です。

②社内の相談窓口への相談　　会社内に相談窓口が設けられている場合には、その相談窓口にて相談をすることも考えられます。

③労働組合への相談　　会社内の労働組合、また会社に労働組合がなくとも1人でも加入できる個人加盟の労働組合へ相談することもできます。詳細は、本書⓰参照。

④**個別労働紛争解決制度**（本書⓱2⑴参照）

⑤弁護士への相談、裁判手続（調停、労働審判、訴訟）の利用　　弁護士に相談し、会社に対し職場環境の改善を申し入れたり、加害者や会社に対し損害賠償請求をするための手続をとることが考えられます。

⑥**労災申請**　　セクハラやパワハラの被害にあい、精神疾患等を患った場合、労災を申請して、労災認定されれば、医療費や休業期間中の補償を受けることで一定の救済を図ることができます。

8　被害にあった労働者が相談や裁判をする前にすべき準備とは？

セクハラやパワハラは密室で行われたり、ことばによるものが多く、そういった場合には何が起きたのかを立証することが困難です。そこで相談する際や、会社や加害者に対し責任を追及するうえで、できる限り起きた出来事を裏づける資料を集めることが重要となります。具体的には以下のような資料が参考になります。

⑴　**日記・メモ**　　日々起きた出来事について、日時、場所、具体的な言動等を記憶が鮮明なうちに定期的に記録をしておくと後々相談をする際に正確に伝えられること、また裁判等になった際に証明する手段にもなりえます。メモをする際には感情はできるだけ抑えて、「いつ」「どこで」「誰が」「どのように」「なぜ」といった項目について、客観的事実をできるだけ詳細に記録することが望ましいです。

⑵　**メール、手紙**　　セクハラやパワハラを示す、加害者から被害者に対するメールや手紙などがあればそれらも証拠になりえます。また、被害にあった当時、友人、恋人、両親等に対しメールや手紙などで相談をしていれば、それも当時起きた出来事を示す一資料として有益です。携帯電話などではメールが一定の容量を超えると消えてしまうので、万が一の場合に備えて

➡9　**労災申請**
　労災認定基準が見直され、セクハラは原則として労災認定の対象になりました。セクハラによる被害が極端に大きい場合には認定の対象になり、そうでなくても被害発生後の職場の対応が不適切な場合は認定の対象とするべきとして労災認定がなされやすくなっています。

保存しておきましょう。

(3) **留守番電話、携帯電話の着信履歴** 留守番電話に性的嫌がらせ、暴言等が録音された場合には、それらは証拠になりえます。また電話の着信履歴も連絡があったという事実の存在を裏づける資料になりえます。

(4) **同僚・知人・家族の供述** 被害にあっている際に、同僚や友人等に相談をしていたのであれば、その同僚から相談を受けていたことについて供述してもらうことも１つの証拠になりえます。

なお、コラムでも言及したとおり、改正均等法では、労働者にもセクハラへの関心と理解を深め、他の労働者に対する言動に必要な注意を払う努力義務も課されました（均等法11条の２）。また、パワハラについても、労働者は、優越的言動問題に対する関心と理解を深め、他の労働者に対しる言動に必要な注意を払うこと、事業主の講ずる措置に協力する努力義務も課されました（推進法30条の３第４項）。この点からも、従前よりも同僚の供述を得ることが期待できます。

(5) **診断書等** 暴言等による精神疾患や暴力を振るわれたことによる負傷の場合には直ちに診察を受け診断書を得ておきましょう。医師に伝えた出来事はカルテ等にも記載されることが多いので、その場合医療記録等も証明資料になりえます。

❿のQ&A：
理解度チェック

――――――――――――――――――――――――――――

資料❷ パワーハラスメントの３つの要素と６つの行為類型との関係

６つの行為類型	①から③を満たす例	①から③を満たさない例
Ⅰ．身体的な攻撃	殴打、足蹴りを行うこと 相手に物を投げつけること	誤ってぶつかること
Ⅱ．精神的な攻撃	人格を否定するような言動を行うこと	遅刻など社会的ルールを欠いた言動が見られ、再三注意してもそれが改善されない労働者に対して一定程度強く注意をすること
Ⅲ．人間関係の切り離し	自身の意に沿わない労働者に対して、仕事を外し、長期間にわたり、別室に隔離したり、自宅研修させたりすること	新規に採用した労働者を育成するために短期間集中的に別室で研修等の教育を実施すること
Ⅳ．過大な要求	長期間にわたる、肉体的苦痛を伴う過酷な環境下での勤務に直接関係のない作業を命ずること	労働者を育成するために現状よりも少し高いレベルの業務を任せること
Ⅴ．過小な要求	管理職である労働者を退職させるため、誰でも遂行可能な業務を行わせること 気にいらない労働者に対して嫌がらせのために仕事を与えないこと	労働者の能力に応じて、一定程度業務内容や業務量を軽減すること
Ⅵ．個の侵害	労働者を職場外でも継続的に監視したり、私物の写真撮影をしたりすること	労働者への配慮を目的として、労働者の家族の状況等についてヒアリングを行うこと

出典：令和２年１月15日厚生労働省告示第５号。

11 仕事をしてうつ病になったら？

> **設例** 新入社員のAさんは、自分の立案した企画が採用され、その実施までの半年余り、残業や休日出勤を重ね、上司に怒られながらも何とか無事に企画を終了することができました。しかし、その疲れが出たせいか、単純なミスを重ねたり、遅刻や無断欠勤を繰り返すようになりました。これを心配した同僚が、会社の産業医への受診を勧めてくれました。産業医は、しばらく会社を休み、場合によっては病気休職制度を利用することを勧めるとともに、業務災害の申請をアドバイスしてくれました。とりあえず、AさんはZ病院を受診したところ、うつ病と診断され3か月間入院することになりました。

1 業務災害とは？

　業務災害（労働災害ともいう）というと、自動車事故やガス爆発、あるいは工事現場における転落事故のように、瞬間的かつ客観的にも認識できることの多い災害によって引き起こされます。しかし今日では、急性脳・心臓疾患やメンタルヘルス不調も業務災害と認識されるようなってきました。このため、上に述べたようなAさんの症状も業務災害となる可能性があります。

　上に示した設例を考える前に、ここではまず労働者が自動車事故を起こした場合を考えてみましょう。

　同じ自動車事故であっても、(i)会社の製品を納入先に運搬する途中の事故、(ii)会社に出勤する際の事故、あるいは(iii)休日ドライブを楽しんでいるときに生じた事故では、処理の仕方が大きく異なります。

　これら3つの類型において共通することは、①加害者が被害者に対して、損害賠償をする責任を負い、②加害者の行為が刑罰法規に該当する場合には刑事責任を問われ、③公安委員会から運転免許について行政処分を受けることがある、ということです。しかし、会社の製品を納入先に運搬する途中の事故は「業務災害」といわれ、**労働者災害補償保険法**[1]（以下、労災保険法）の適用を受けることになります。これは「他人を使用して危険な職業を営む者は、その危険が現実化して自ら使用する者が被害を被った場合には、その経済的損失を補償すべし」という考え方（職業危険の原理）に基づくものです。また、会社に出勤する途中の事故も「通勤災害」とされ、労災保険給付の対象となります。しかし、休日ドライブでの事故は業務災害や通勤災害にはあたりません。

2 業務災害と私傷病の違いは？

　このように業務命令を遂行する過程で生じた事故は業務災害として労災保険法の適用を受けます。これに対して、休日ドライブでの交通事故のような

◆1　アルバイトと労働災害

　労災保険は、業種の規模の如何を問わず、原則として1人でも労働者を使用する事業すべてに適用されます。また、労災保険における労働者とは、「職業の種類を問わず、事業に使用される者で、賃金を支払われる者」をいいます。この労働者に該当すれば、アルバイトやパートタイマー等の雇用形態には関係なく、労災保険法の適用を受けることができます（神戸地判平22年9月17日）。賃金の大きさが休業補償給付や障害補償給付の支給額に関係しますが、補償を受ける権利については、正社員か非正社員かの違いはありません。

私生活での傷病（これを私傷病といいます）は、基本的には、健康保険法や厚生年金保険法の対象となります（健保3条、厚年9条・12条参照）。

業務災害に該当するか私傷病であるかは、雇用保障、所得保障そして医療保障という3点で、以下のような大きな違いをもたらします。

（1）**雇用保障**　使用者は、労働者が業務上負傷しまたは疾病にかかり、療養のために休業する期間およびその後の30日間は、その被災労働者を解雇することはできません（労基法19条）。これに対して、交通事故による負傷が業務外の事由によるものであれば、少なくとも30日前に解雇の予告をするか、30日分の賃金を支払うことによって、使用者はその労働者を解雇することができます（同法20条）。

（2）**所得保障**　業務災害と認定されれば、労災保険法に基づき、休業補償給付と特別支給金が支給されます。休業補償給付は**給付基礎日額**の100分の60、特別支給金は給付基礎日額の100分の20、あわせて100分の80に相当する金額が、業務災害による療養のため賃金を受けない日の4日目から支払われます。特別支給金は、社会復帰促進等事業に基づくものです。給付基礎日額はこれまで、業務災害が発生した事業場の賃金額をもとに算定していました。しかし、2020年9月以降、**複数事業労働者**の場合、各就業先の事業場で支払われていた賃金を合算して算定することとされました。

また、被災労働者が療養の開始後1年6か月を経過したにもかかわらず、なお業務上の傷病が治癒していないときには、その傷病が治癒するまでの間、傷病補償年金が支給されます。さらに、傷病が治癒するか、治療効果が見込めない症状固定の状態に至った時点で障害が残った場合、障害の程度に応じて、障害補償年金または障害補償一時金が支給されることになります。

これに対して、私傷病の場合には、まず有給休暇を消化することが考えられます。そして、勤務先会社の就業規則や労働協約に所得保障の規定がなければ、健康保険法99条に定める傷病手当金が支給されます。この傷病手当金は、療養のために労務に服することができなくなった日から起算して3日を

→ 2　**給付基礎日額**
　原則として、業務上または通勤による負傷や死亡の原因となった事故が発生した日または医師の診断によって疾病の発生が確定した日の直前3か月間にその労働者に対して支払われた賃金総額を、その期間の暦日数で割った、1暦日あたりの賃金額をいいます。

→ 3　**複数事業労働者**
　事業主が同一人でない2以上の事業に使用される者をいいます。労働契約関係のほか、他の就業について特別加入している場合や、複数の事業について特別加入している場合も、複数事業労働者とされます。

資料❶　過労死・過労自殺の概況と精神障害発病の考え方

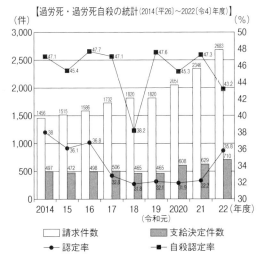

出典：令和4年度過労死等の労災補償状況等参照
https://www.mhlw.go.jp/stf/newpage_33879.html

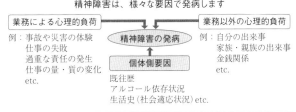

11　仕事をしてうつ病になったら？　73

経過したときから実際に支給された期間を通算して１年６か月間（土日・休日を含む）、標準報酬日額の３分の２に該当する金額が支給されます。この傷病手当金は、勤務先会社を解雇されたり退職していても要件を満たせば支給されます。また、傷病が治癒ないし症状固定しても障害が残る場合には、障害等級に応じて、厚生年金保険法に基づく障害厚生年金等が支給されます。

（3）**医療保障**　第３は医療保障の問題です。具体的には一部負担金の有無という違いが発生します。業務災害における医療の提供は、療養補償給付として支給されます。この場合、被災労働者は一部負担金を支払う必要はありません。これに対して、私傷病の場合は健康保険法の適用を受けることになりますから、療養に要した費用のうち、被災労働者の年齢に応じた一部負担金を負担しなければなりません。

このようにみてくると、設例のＡさんの病気が業務災害か私傷病によるものかによって、その後の取扱いに大きな違いが生じることがわかります。

3　どこに業務災害の申請をするの？

業務災害に関する労災保険給付の申請は、基本的には、会社の所在地を管轄する労働基準監督署に対して行います。提出すべき書類は、療養補償給付なのか休業補償給付なのかなど、どのような給付を申請するかで異なります。

業務災害による傷病のため労災指定医療機関で治療を受けた場合、原則として無料になります。その際、その医療機関に、療養の給付請求書を提出しなければなりません。この請求書は、「療養補償給付たる療養の給付請求書」といい、事業主の証明が必要とされ、医療機関を経由して、労働基準監督署長に提出されます。やむをえず労災指定医療機関以外の医療機関で治療を受けたときには、いったん治療費全額を負担しなければなりませんが、療養の費用の支給を受けることができます。

休業補償給付の請求は、被災労働者本人が直接、労働基準監督署に請求書を提出しなけばなりません。

4　業務災害はどのように判定されるの？…業務上・外の認定

①パソコンゲームに熱中し睡眠不足のまま出勤して発熱した場合、②寒い場所で長時間仕事をしたために発熱した場合、それぞれ業務災害といえるでしょうか。①のケースは、ゲームによる睡眠不足が原因で、たまたま会社で発熱しただけなので、業務災害とは認められないでしょう。しかし、②のケースは、寒い場所での業務によって発熱したことから、業務災害と認定されるものと思われます。業務に内在する危険が現実化して、発熱という結果を引き起こしたと考えられるからです。業務災害と認められるためには、業務と負傷等との間に相当因果関係が存在することが求められます（最判昭51年11月12日、最判平８年１月23日）。

業務災害にあたるか否かの判断を業務上・外の認定といい、被災労働者の勤める会社の所在地を管轄する労働基準監督署長が行います。監督署長の認定に不服があるときは、労働保険審査官、労働保険審査会に審査請求、再審査請求をすることができます。労働保険審査官への審査手続を経れば、労災保険給付不支給処分の取消を求めて、行政訴訟に訴えることができます。

5 心理的負荷による精神障害の認定基準

どのような場合に業務災害と認定するか、特に事故を伴わないで発病する脳・心臓疾患や精神障害の認定は難しい問題です。

うつ病と診断されたAさんのように、精神障害は、(i)仕事の失敗や過重な責任の発生など業務による心理的負荷、(ii)自分や家族に関する出来事など業務以外の心理的負荷、(iii)精神障害の既往歴やアルコール依存などの個体側(労働者)の要因が、複雑に関連して発病するとされています。そこで、2011(平23)年末に、新たな認定基準が定められました。

この認定基準は、第1に国際疾病分類ICD-10第Ⅴ章に該当する精神障害を発病していること、第2に精神障害の発病前おおむね6か月の間に、業務による強い心理的負荷が認められること、第3に業務以外の心理的負荷および個体側要因により当該精神障害を発病したとは認められないこと、の3つの要件に基づき業務上・外の認定を行います。心理的負荷となる出来事については、その一般的な強度を弱・中・強という3段階で定め、心理的負荷が「強」と判断される場合には業務起因性を認める、という構造になっています。この認定基準では、極度の長時間労働を月160時間程度の時間外労働と明示し、心理的負荷の程度(弱・中・強)を具体的に提示したほか、セクハラやいじめが長期間継続する場合には6か月を超えて評価することとされました(本書❻参照)。

また、複数事業労働者概念とも関連して、**複数業務要因災害**が設定されました。業務上・外の認定はこれまで、1つの事業場のみの業務上の負荷(労働時間やストレス等)を評価対象としてきました。今後は、複数の事業場の負荷を総合的に評価して認定することになります。なお、1つの事業場のみの業務上負荷だけで労災認定できる場合であっても、複数事業労働者の場合、すべての就業先の賃金を合算した額を基礎に保険給付が行われます。

➡4 脳・心臓疾患に係る認定基準
働き方の多様化・職場環境の変化に対応するため、労働時間と労働時間以外の負荷要因を総合評価する、労働時間以外の要因(勤務間インターバルなど)も評価対象とする認定基準が策定されました(令3年9月14日基発0914第1号)。

➡5 ストレス―脆弱性理論
環境からくるストレス(心理的負荷)と個体側の反応性、脆弱性との関係で精神的破綻が発生するか否かが決まるという考え方で、心理的負荷が非常に大きければ、個体側の脆弱性が小さくても精神障害が発生するし、個体側の脆弱性が大きければ、心理的負荷が小さくても精神的破綻が生じるということになります。

➡6 「心理的負荷による精神障害の認定基準」
労働基準法施行規則別表第1の2第9号に「人の生命にかかわる事故への遭遇その他心理的に過度の負担を与える事象を伴う業務による精神及び行動の障害又はこれに付随する疾病」が追加されたことなどを踏まえて、標記認定基準が制定されました(平23年12月26日基発1226第1号)。2020(令2)年、パワハラ防止対策の法制化に伴い、心理的負荷評価表の具体的出来事にパワーハラスメントが追加されました。

➡7 ICD-10第Ⅴ章「精神および行動の障害」分類
認定基準の対象とされる精神

・・・

資料❷ 業務による心理的負荷評価表より一部抜粋

(具体的出来事)

出来事の類型	具体的出来事	平均的な心理的負荷の強度 Ⅰ Ⅱ Ⅲ	心理的負荷の総合評価の視点	心理的負荷の強度を「弱」「中」「強」と判断する具体例			
				弱	中	強
③仕事の量・質	15 仕事内容・仕事量の(大きな)変化を生じさせる出来事があった	★	・業務の困難性、能力・経験と業務内容のギャップ等 ・時間外労働、休日労働、業務の密度の変化の程度、仕事内容、責任の変化の程度等	【「弱」になる例】 ・仕事内容の変化が容易に対応できるもの(※)であり、変化後の業務の負荷が大きくなかった ・会議・研修等への参加の強制、職場のOA化の進展、部下の増加、同一事業場内の所属部署の統廃合、担当外業務としての非正規職員の教育等 ・仕事量(時間外労働時間数等)に、「中」に至らない程度の変化があった (注)発病前おおむね6か月において、時間外労働時間数に変化がみられる場合には、他の項目で評価される場合でも、この項目でも評価する。	○仕事内容・仕事量の大きな変化を生じさせる出来事があった 【「中」である例】 ・担当業務内容の変更、取引量の急増等により、仕事内容、仕事量の大きな変化(時間外労働時間数としてはおおむね20時間以上増加し1月当たりおおむね45時間以上となるなど)が生じた	【「強」になる例】 ・仕事量が著しく増加して時間外労働も大幅に増える(倍以上に増加し、1月当たりおおむね100時間以上となる)などの状況になり、その後の業務に多大な労力を費した(休憩・休日を確保するのが困難なほどの状態となった等を含む) ・過去に経験したことがない仕事内容に変更となり、常時緊張を強いられる状態となった
⑥対人関係	30 同僚等から、暴行又はひどいいじめ・嫌がらせを受けた	★	・暴行又はいじめ・嫌がらせの内容、程度等 ・反復・継続など執拗性の状況 ・会社の対応の有無及び内容、改善の状況等	【解説】 同僚等による暴行又はいじめ・嫌がらせが「強」の程度に至らない場合、心理的負荷の総合評価の視点を踏まえて「弱」又は「中」と評価 【「弱」になる例】 ・同僚等から、「中」に至らない程度の言動を受けた場合	【「中」になる例】 ・同僚等から、治療を要さない程度の暴行を受け、行為が反復・継続していない場合 ・同僚等から、人格や人間性を否定するような言動を受け、行為が反復・継続していない場合	○同僚等から、暴行又はひどいいじめ・嫌がらせを受けた 【「強」である例】 ・同僚等から、治療を要する程度の暴行等を受けた場合 ・同僚等から、暴行等を執拗に受けた場合 ・同僚等から、人格や人間性を否定するような言動を執拗に受けた場合 ・心理的負荷としては「中」程度の暴行又はいじめ・嫌がらせを受けた場合であって、会社に相談しても適切な対応がなく、改善されなかった場合

障害は、国際疾病分類第10回修正（ICD-10）第Ⅴ章に分類される精神障害をいいます。

第Ⅴ章には、F0からF9まで10項目が示されていますが、このうち業務が関連する可能性のある障害は、F3「気分（感情）障害」、F4「神経症性障害、ストレス関連障害」などです。

→8 自殺

うつ病などの気分（感情）障害、重度ストレス障害などの精神障害では、自殺念慮が出現する蓋然性が医学的に高いと認められることから、業務による心理的負荷によって精神障害を発病したと認められる者が自殺を図った場合には、「精神障害によって正常な認識、行為選択能力が著しく阻害され、又は自殺行為を思いとどまる精神的な抑制力が著しく阻害されている状態」で自殺を図ったものと推定し、原則として業務起因性が認められます。

→9 産業医

労働安全衛生法13条は、常時50人以上の労働者を使用するすべての事業場に対して産業医を選任すること、また、常時1000人以上の労働者を使用する事業場あるいは労働安全衛生規則13条に定める有害な業務に常時500人以上の労働者を従事させる事業場では専属の産業医を選任することを義務づけています。産業医は、労働者の健康診断、衛生教育、職場における健康障害の原因調査、事業場の責任者に対する専門的な指導助言、職場の巡視などを行います。

6 会社に対して損害賠償を請求できるの？…労災民訴

設例の場合、非常に困難な仕事を新入社員であるＡさん１人にゆだねた会社に責任はないのでしょうか。仕事の内容がハードで、残業が１か月平均100時間を超えると、１日５時間の睡眠時間を確保することが困難になり、急性脳心臓疾患やメンタル不調の発症と密接に関連するといわれています。

結論から先にいえば、Ａさんは会社に対して損害賠償を請求することができます。これを労災民訴ということがあります。労災保険の保険給付は、被災労働者や遺族が現実に被ったすべての損害を塡補するものではありません。個々の事情を捨象して定率的・定型的に決定され、慰謝料は給付の対象とされないからです。こうして、労災保険でカバーされない損害を回復するため、日本では被災労働者・遺族は民法に基づく損害賠償請求を行うことを認めています。また、Ａさんのうつ病が業務災害と認定されなくても、会社を相手に労災民訴を提起することができます。

特に、八戸自衛隊車両整備工場事件（最判昭50年２月25日）が認めた安全配慮義務を根拠に損害賠償を求める事案は激増しており、いわゆる過労自殺[→8]の先例とされる電通事件（最判平12年３月24日）も会社に損害賠償を求めた事案です（本書❻参照）。しかし、業務上・外の認定がいわばオール・オア・ナッシングであるのに対して、損害賠償請求の事案では、損害額の算定において、被災労働者の過失も斟酌されます。

7 病気休職制度とは？

設例でも触れたように、Ａさんは、産業医[→9]から、病気休職制度を利用することを勧められました。これはどのような制度でしょうか。

病気休職制度は、法律に基づく制度ではありません。就業規則や労働協約によって、あくまでも会社独自に設けられる制度です。したがって、その名称は会社によって、まちまちですが、業務外の傷病による長期欠勤が一定期間（３～６か月が普通）に及んだときに利用されます。Ａさんの場合、産業医は、業務上・外の認定に要する期間、病気欠勤と病気休職制度を利用できることを示唆したのです。休職期間の長さは、勤続年数や傷病の性質に応じて異なることが普通です。この期間中に傷病から回復して就労可能となれば休職は終了し、復職となります。これに対して、傷病が回復せずに期間満了となれば、自然退職または解雇とされます。したがって、自分の働いている会社にこの制度があるかをまず確認しなければなりません。

8 職場復帰をするには？

身体性疾患の場合と同じように、メンタル不調者の職場復帰も、いくつかの段階を経なければなりません。このことは、メンタル不調が業務災害か私傷病かを問いません。先に述べた病気休職制度の活用が、職場復帰への第一歩です。くわしくは次頁のコラム「職場復帰」を参照して下さい。

9 予防することはできる？

うつ病も病気である以上、発病を予防することが重要です。しかし、メンタル不調の発生過程は個人差が大きく、そのプロセスの把握が困難です。ま

た、体の健康に比較して、メンタルヘルスは職場配置や人事異動など人事労務管理にかかわる要因によって、大きな影響を受けます。さらに、家庭問題や個人生活など職場以外の問題とも密接に関連します。加えて、メンタルヘルスを推進するには、個人の健康情報を扱いますので、慎重な対応が求められます。

メンタルヘルスケアでは4つのケアが重視されます。労働者自身によるセルフケア、上司や職場管理者などラインによるケア、**事業場内産業保健スタッフ**[10]によるケア、そして事業場外資源（地域産業保健センターや地域保健機関など）によるケアです。これら4つのケアが適切に実施されるよう様々な施策の連携を計画的かつ継続的に行うことが重要となります。

メンタル不調の未然防止が重要であるとの認識から、現在では、常時50人以上の労働者を使用する事業場にストレスチェックとそれに基づく面接指導の実施が義務づけられました。

ストレスチェックの結果医師の面接指導が必要とされた労働者からの申出があれば、医師による面接指導を実施し、就業上の措置が必要と判断されれば労働時間の短縮などを実施することとなります。個人情報保護の観点から、人事権をもつ職員は記入・入力の終わった質問票の内容を閲覧してはならず、本人の同意がなければ、企業はストレスチェックの内容を知ることはできません。

→10　**事業場内産業保健スタッフ**
　事業場内産業保健スタッフとは、産業医、衛生管理者、保健師、人事労務管理スタッフ、事業場内メンタルヘルス推進担当者などをいいます。産業医は、専門的立場から、メンタルヘルスケアの実施状況の把握・助言・指導などを行い、長時間労働者に対する面接指導の実施や個人の健康情報の保護についても中心的役割を果たします。

⓫のQ&A：
理解度チェック

職場復帰

身体性疾患の場合と同様に、メンタル不調者も、以下の段階を経て職場復帰することになります。

▶第1ステップ：病気休職制度の活用：本文参照
▶第2ステップ：主治医による職場復帰の判断
　労働者が職場復帰を希望する場合、事業主は、労働者に対して、主治医による職場復帰に関する診断書の提出を求めます。日常生活における病状の回復程度に基づく主治医の診断に対し、職場で必要とされる業務遂行能力に関して産業医等の判断が重要となります。
▶第3ステップ：職場復帰支援プランの作成
　最終的な職場復帰を決定する前段階として、職場復帰に対する意思確認、病状の回復状況など必要な情報を収集して、職場復帰日、就業上の配慮や異動の必要性など人事労務管理上の対応などを決定します。
　事業場内産業保健スタッフや管理監督者は、労働者と十分に話し合うなどの意思疎通が求められます。
▶第4ステップ：最終的な職場復帰の決定
　労働者の状態の最終確認を行い、就業上の配慮を確認したうえ、事業者は労働者に対して職場復帰の決定を通知します。
▶復帰後のフォローアップ
　職場復帰できたとしても、病状の再発や再燃がないかを確認し、勤務状況・業務遂行能力の評価を行い、必要に応じて職場復帰支援プランの見直しなどのフォローアップが重要です。

12 仕事をしながら子どもを育てるには？

> **設例** 入社7年目のA子さんは、現在、妊娠4か月目に入り、胸のむかつきなどのつわりの症状が現れています。A子さんは、通勤ラッシュにぶつかるたびに、「時差出勤とかできればいいのになぁ」と思っているのですが、いまだに、職場の上司や同僚に妊娠を打ち明けることができません。彼女の会社は、女性が少なく、出産後に仕事に戻った例がないのです。A子さんは、出産後も仕事を続けたいと思う一方で、このような中で、上司に妊娠を打ち明けると、会社をやめてほしいと言われてしまうのではないかと悩んでいます。

1 仕事と育児の両立は難しい？

日本では、少子化が急速に進行しています。1人の女性が一生の間に生む子どもの数の目安となる「合計特殊出生率」は、1949（昭24）年には4.32でしたが、2005（平17）年に過去最低の1.26となりました。2006年以降は上昇傾向にありましたが、2022（令4）年に再び1.26となりました。

少子化の要因としては、結婚しない女性が増えたこと、30代に入ってから初めての結婚をする女性が増えたこと等が挙げられています。また、「仕事と育児の両立」が難しいために、子どもを生むことをためらう女性が少なくないとの報告もあります。たとえば、2021（令3）年調査報告によると、出産を経て仕事を継続している女性は53.8％に留まります（国立社会保障・人口問題研究所「第16回出生動向基本調査」〔夫婦調査〕2021〔令3〕年）。日本は諸外国に比べて、家事や家族のケア（育児・介護）（これらの労働は、賃金を得る「有償労働」に比して「無償労働」と呼ばれます）の負担が女性に偏っています。子を持つ親を取り巻く事情は様々ですが、カップルの場合は、家事と育児の負担が一方に偏らないような仕組みが必要となるでしょう（本書❻参照）。

ここでは、そのような仕事と育児の両立にかかわる法制度を、妊娠・出産・育児という時間の流れに沿って説明します。

2 妊婦の健康を守るために求められる対応とは？

(1) 健診を受けるための時間の確保 妊娠した女性は、母体の状態と胎児の発育等を確認するために、定期的に健康診査や保健指導を受けなければなりません。しかし、休みが少なく残業が多い職場にいる女性は、定期健診の時間をきちんと確保できないという課題がありました。

そこで、現在は、「雇用の分野における男女の均等な機会及び待遇の確保等に関する法律」（以下、均等法）により、妊娠した女性が、健康診査などを勤務時間中に受診できる仕組みが整えられています（12条）。具体的には、使用者は、妊娠週数0～23週の間は4週間に1回、24～35週の間は2週間に1

▶1 次世代育成支援対策推進法
2003（平15）年に制定され2005（平17）年に施行された次世代育成支援対策推進法は、次の世代の子どもたちが健やかに産まれ育成される社会を形成するために、国、地方公共団体、事業主（使用者）の責務を定めた法律です。この法律により、事業主は、育児と仕事の両立を支援する職場づくりのための行動計画を策定する義務を負います（常時雇用労働者100人を超える事業主が対象）。厚労省の基準に適合する優良事業主に対する国の認定制度があります（「くるみん」「プラチナくるみん」「トライくるみん」認定）（本章の「コラム」も参照）。策定された行動計画は、職場の労働者に周知されるとともにインターネット等を通じて外部に公開されます。本法は10年の時限立法であったが、2035（令17）年3月31日まで期間が延長されました。

▶2 妊娠などの申出をした労働者に対する個別の働きかけと環境整備
使用者は、労働者が妊娠・出産の事実を申し出た場合には（配偶者などが妊娠・出産した場合を含む）、労働者に対して出生時育休の制度内容を個別に周知し、休業の取得に関する意向を確認しなければなりません（育介法21条1項）。あわせて、育休を取得しやすい職場を作るための研修の実施や相談体制の整備などの措置が義務づけられています（同法22条1項）。

78　第Ⅲ部　職場の環境

回、36週から出産までは1週間に1回の割合で、勤務時間中に受診時間を設定しなければなりません。また、妊娠中の女性が、無理なく健診が受けられるように、使用者は、受診時間の設定にゆとりをもたせなければなりません。すなわち、健診を実際に受ける時間だけでなく、医療機関への往復時間や待ち時間などを考慮した充分な時間を設定することが求められているのです。本人が勤務時間中の受診を希望しない場合には、健康診査の時間を設定する必要はありません。健診を受診するために職場を離れる時間に、賃金を支払うかどうかについては、法律に特に定めはありません。一般には、事前の労使の話し合いによって、受診している時間に賃金を支払うかどうかを決めることになります。

(2) **妊娠中の女性に対する労務管理**　妊娠した女性と胎児の健康を守るために、労働基準法 (以下、労基法) は、会社に対して、次のような義務を定めています。

まず、妊娠している女性の配置について使用者に制限を課しています。会社は、妊娠している女性を、坑内業務、重量物を取り扱う業務、有害ガスを発生する場所における業務、その他妊婦に有害な業務に就かせてはなりません (労基法64条の2・64条の3)。また、妊娠している女性が軽易な業務への異動を願い出た場合には、会社はその希望を受け入れる義務があります (同法65条3項)。

労働時間の長さについても制限があります。妊娠している女性が願い出た場合、会社は、法定労働時間を超えて労働させることはできません。また、時間外労働、休日労働、深夜業 (夜10時から朝5時まで) の免除を願い出た場合、会社は、これを認めなければなりません (労基法66条1項～3項)(有害業務と労働時間の規制については、出産後1年を経過していない女性 (産婦) についても同様の就労制限があります)。

このほか、妊娠中の女性が、定期の健診や保健指導において、医師や助産師から、業務の軽減や時差通勤といった「指導」を受けた場合、会社は、そ

3 生理休暇

妊娠に関連する女性の健康にかかわる休暇には「生理休暇」の保障があります。生理日の就業が著しく困難な女性が休暇を請求したときは、使用者は休暇取得を認めなければなりません (無給休暇)。休暇日数に制限はなく、半日単位・時間単位の請求も可能です。最高裁は、生理休暇を欠勤と扱うことは、休暇の取得を著しく困難にし、法が休暇を保障した趣旨を失わせる場合でない限り違法とはならないと判断しています (エヌ・ビー・シー工業事件・最判昭60年7月16日)。他方、就業規則などにおいて昇給の要件として出勤率が設定されている場合に、生理休暇を欠勤と扱うことは (生理休暇を取得すると昇給の機会を失うことになり)、休暇権の行使に対する抑制力が強いとして公序違反によりそのような定めは無効となります (日本シェーリング事件・最判平元年12月14日)。

⚖ 2024 (令和6年) 育介法改正

2024年5月31日に、育介法を改正する法律 (令和6年法律42号) が公布され、2025年4月から、仕事と育児・介護の両立に関する措置などの内容が次のように変わります。①所定外労働の免除 (残業免除) の対象が小学校就学前の子を養育する労働者に拡大、②看護休暇は、子の病気等の場合に加えて行事参加等にも取得できるようにし、その対象を小学校3年生まで拡大、③3歳になるまでの子を養育する労働者に対する各種措置の努力義務に在宅勤務 (テレワーク) を追加 (改正後23条2項1号〈新設〉)、④3歳以上から小学校就学前の子を養育する労働者に対し、柔軟な働き方を実現するための措置 (始業時刻等の変更、在宅勤務 (テレワーク)、短時間勤務、新たな特別休暇の付与、その他養育のための措置) を2つ以上設けて、労働者が選択して利用できるようにする。⑤事業主 (使用者) に妊娠・出産の申し出や子が3歳になる前に、労働者に仕事と育児の両立に関する働き方の意向を聴取する義務を課す。(①～③は2025年4月1日施行。④⑤は公布の日から起算して1年6か月以内において政令で定める日)。

また、育児休業の取得状況の外部公表義務の対象は、常時雇用労働者数が300人を超える事業主になります (2025年4月1日施行)。

➡ 4　母性健康管理措置と感染症

2019年12月頃から新型コロナウイルス感染症が世界的に流行しました。妊娠中の女性が新型コロナウイルスに感染すると重症化するリスクが高いとされています。妊娠した女性が新型コロナウイルス感染の恐れに対する心理的なストレスを感じたり、母体・胎児の健康保持の必要性がある場合等において、当該女性が主治医や助産師から「指導（感染リスクを下げるための在宅勤務など）」を受けた場合、使用者は「指導」の内容を実現するための措置をとる必要があります。

➡ 5　休業中の所得保障

産前産後の休業を取得している間は、会社に特別な定めがない限り、賃金は支払われません。ただし、産前産後の休業中に賃金が支払われない労働者で、健康保険に加入している者については、申請により、「出産手当金」を受給することができます。また、育休（および出生時育休）を取得している労働者（雇用保険被保険者・法所定の要件を充たす場合）は、育休の開始日から、「育休給付金」を受給することができます（出生時育休（産後パパ育休）を取得した場合は、「出生時育児休業給付金」が支給される）。

➡ 6　仕事と介護の両立

労働者は要介護状態にある家族を介護するために、対象家族1人につき通算93日までの範囲内で3回まで介護のために休業を取得することができます（「介護休業」。育介法11条）。また、介護のための休暇（「介護休暇」）を1年につき5日まで取得することができます（対象家族が2人以上の場合は10日まで。同法16条の5）。介護休暇は半日単位または時間単位で取得することができます（同法16条の5第2項。労使協定を締結して、継続雇用期間が6か月未満の労働者、週所定労働日が2日以下の労働者の介護休暇の取得を拒むことができます。また、労使協定締結により、法所定の労働者については半日取得を拒むことができます）。他にも、介護に対する措置として所定外労働の免除、時間外労働・深夜業の制限などがあります。

➡ 7　有期労働者の育休取得

有期雇用者は、子が1歳6か月に達する日までに労働契約が満了することが明らかではない場合に育休を取得することができます（育介法5条1項但書）。「日々雇用される者」は育休を取得できません（同法2条1号）。

の指導を守ることができるように、対応しなければなりません（「母性健康管理措置」均等法13条1項）。具体的には、時差通勤、勤務時間の短縮、休憩時間の延長、休憩回数の増加、休憩時間帯の変更、在宅勤務（テレワーク）などが求められることになります。たとえば、冒頭の設例のように、女性が妊娠後に混雑した電車に乗るのがつらいと感じる場合は、妊婦定期健診で、医師に「つわり」の症状について相談するという方法があります。医師から、「ラッシュ時を避けるために、時差通勤などの措置をとることが望ましい」といった「指導」を受けた場合、会社は、時差通勤や在宅勤務などの対応を検討し、実現可能なものを選んで行うことになるでしょう。

3　出産と育児を理由にどのくらい休めるの？

(1)　産前・産後休業　労基法により、妊娠している女性は、産前については6週間（多児妊娠の場合は14週間）、産後については8週間、休業することができます（労基法65条1項・2項）（雇用形態にかかわらず取得することができます）。「産前休業」については、本人が希望した場合について休業することができるとされていますので、本人が希望しない場合は、会社から休むように求めることはできません。一方、「産後休業」については、母体保護の観点から、本人が希望したとしても、出産日の翌日から6週の間については、仕事をすることができません（会社がこの定めに違反して、女性を就労させた場合は、労基法119条の罰則が適用される可能性があります）。ただし、6週間を経過した後については、本人が希望し、かつ、医師が支障ないと認めた場合には、仕事への復帰を認めることができます。

(2)　育休　育児のための休業（以下、育休）が法律によって整備され、労働者の「権利」となったのは、1975（昭50）年のことです。はじめは、女性の多い業種、教員・看護婦（看護師）・保母の3つに限定されてスタートしました。現在は、育児・介護休業法（以下、育介法）という法律が施行され、性別にかかわらず育児の責任を負う労働者が対象となります（介護のための休業もあります）。育休は、正規社員（フルタイム・無期雇用者）だけではなく、**非正規労働者も取得することができます。**

育休制度の内容を確認しましょう。現行法では、原則として、1歳未満の子どもを養育する労働者が、子どもが1歳になるまで（1歳の誕生日の前日まで）休業することができるとされています（育介法5条）。例外として、保育所への入所が難しいなどの特別な理由がある場合には、最長で子が2歳になるまで延長することができます（同条3項・4項）。なお、2021（令3）年の育介法改正によって育休は分割して2回まで取得できるようになりました。

使用者は、労働者が育休の取得を申し出た場合にこれを拒否することができません（**形成権**）。育休を取得しないという合意は無効です（後述の「出生時育休」「介護休暇」なども同様）。

(3)　出生時育休（産後パパ休業）　労働者は、子が出生してから8週間以内に最長4週間の休業を取得することができます（「出生時育休」。育介法9条の2第1項）。この休業は、性別にかかわりなく取得することができますが、女性は産後に労基法上の「産後休業」をとることが一般的です。そのため、この出生時育休制度は、子の父親がパートナーの産後休業中に同時に休業することを想定して設けられました（産後パパ休業と呼ばれるのはそのためです）。

この休業は上記の育休と同じく分割して2回取得することができます。

出生児育休中の労働者が同意した場合には、使用者は当該労働者を就業させることができます（休業期間の労働日の半分まで）。ただし、労働者を就業させるためには、事前に職場の労働者の半数が加入する労働組合等との労使協定が必要です（育介法9条の5第2項〜第4項）。

(4) 看護休暇　小学校就学前の子がいる労働者は、子がケガをしたり病気になったりした場合の世話を目的として休暇を取得することができます（予防接種の付き添い等にも利用可能。育介法16条の2）。1年度につき5日まで取得できる休暇制度です（子が2人以上の場合は10日）。半日単位・時間単位の取得ができます（ただし、使用者は、労使協定を締結して、継続雇用期間が6か月未満の労働者、週所定労働日が2日以下の労働者の介護休暇の取得を拒むことができます。また、労使協定締結により、法所定の労働者については半日取得を拒むことができます。同法16の3第2項）。

4　出産後には、どのような支援が受けられるの？

産後・授乳中の女性の心身はデリケートです。産婦は、出産前の状態にすぐに戻れるわけではありませんし、母乳による育児は、母体に負荷がかかりますし色々と手間がかかります。そこで、使用者には、産婦（出産後1年を経過していない女性）、授乳期の女性、育児中の労働者（男女とも）に対する配慮措置が義務づけられています。育児を担う労働者に対する支援として、以下があります。

(1) 所定労働時間の短縮措置（短時間勤務措置）　使用者は、3歳未満の子どもを養育する労働者で育休を取得していない労働者に対して短時間勤務制度（原則1日6時間以内）を整備しなければなりません。短時間勤務制度が整備できない場合はそれに代替する制度（フレックスタイム制、始業・就業時間を繰上げ・繰下げする制度〈時差出勤〉、保育施設の設置運営など）を整備することになります（育介法23条）。

➡8　形成権
契約当事者の一方による意思表示により法律関係の変動（法律関係の創設や消滅）が生じる権利。生理休暇、看護休暇、介護休暇、育休、出生時育休の取得、所定労働時間外労働の免除、法定労働時間外の労働の制限、深夜労働の制限は、労働者の意思表示のみで制度を利用することができる形成権と解されています。また、これらの制度は法律上の権利であるため、労働契約や就業規則に定めがなくとも取得することができます。

➡9　育休取得状況の外部公表義務
常時雇用労働者数が1000人を超える使用者（事業主）は、毎年1回以上、育休の取得状況で厚労省令が定めるもの（男性の育休取得率など）をインターネット等を通じて外部に公表しなければならないとされています（育介法22条の2）。

➡10　出産前後の女性の体調
妊娠中や産後には心身に不快な症状が出ます。厚労省の委託調査によると、不快な症状があった女性は85.2%です。妊娠中の具体的な症状としては、つわり66.8%、貧血40.1%、むくみ34.7%、切迫流産17.2%、腰痛16.2%。産後は、乳腺炎11.0%、マタニティブルー（精神的な不調）9.0%が挙げられています（2006〔平18〕年厚労省委託事業（財）女性労働協会「事業所における妊産婦の健康管理体制に関する実態調査」図10）。

> **コラム　女性活躍推進法**
>
> 2015（平27）年に10年の時限立法として制定された女性活躍推進法（以下、女活法）は、職場において女性が活躍できるように、その推進にかかわる事業主（「一般事業主」）、国、自治体の役割と責任を定めた法律です。
>
> 女活法により民間企業（使用者）は、①女性の活躍にかかわる状況を把握・課題を分析し、②発見された課題を改善するための行動計画を策定し、③その行動計画を行政に届け出るとともに、④女性活躍に関する一定の情報をインターネット等を通じ、外部に公開する義務を負います。民間企業の状況は、国の「女性の活躍推進企業データベース」で確認できます。
>
> 上記の行動計画実施に積極的な企業は、国の認定を受けることができます（「えるぼし」「プラチナえるぼし」認定）。認定企業は公共調達で加点評価がなされます。

女活法の「えるぼし」認定マーク

女活法「プラチナえるぼし」認定マーク

➡11　フレックスタイム制
　フレックスタイム制とは、労働者自身が労働時間の開始と終わりの時刻（始業・終業時間）を決めることができる制度です。職場の労使協定で定められている「清算期間（上限3か月）」の間で、あらかじめ定めた「総所定労働時間」分の労働を行います（労基法32条の3）。この制度では「コアタイム」によって労働者が必ず労働しなければならない時間を定め、そのほかの時間帯を労働者が自身の選択により労働することができる時間「フレキシブルタイム」とすることができます。法所定の要件を充足してフレックスタイム制を利用している限り、1週または1日の法定労働時間（同法32条1項・2項）を超えた労働に対して割増賃金は発生しません。

　(2)　**所定外労働の免除（残業免除）**　使用者は、3歳未満の子どもを養育する労働者が請求した場合、事業の正常な運営を妨げる場合でない限り、所定労働時間を超えて労働させてはなりません（育介法16条の8第1項）（ただし、使用者は、労使協定を締結して、継続雇用期間が1年未満の労働者、週所定労働日が2日以下の労働者を制度の適用除外とすることができます）。労働者は、1か月以上1年以内の範囲で申し出ることができ、回数には制限がありません。

　(3)　**時間外労働（残業制限）・深夜業の制限**　使用者は、小学校入学前の子どもを養育する労働者が申し出た場合には、事業の正常な運営を妨げる場合でない限り、時間外労働の一部を免除しなければなりません（育介法17条1項）。具体的には、1か月24時間、1年150時間を超える労働（時間外労働）について、労働者がこの免除を申し出た場合には、使用者はその申し出を認める義務があります。深夜業（午後10時から午前5時までの就労）についても、労働者が免除を申し出た場合には、事業の正常な運営を妨げる場合でない限り、使用者はこれを認めなければなりません（同法19条1項）。（時間外労働〔残業制限〕は、法が定める一部の労働者を適用除外とすることができます。深夜労働については、時間外労働制限の適用除外に加えて、深夜時間帯に子を養育できる者がいる労働者と所定労働の全部が深夜にある者の申し出も拒否することができます。）

　(4)　**育児時間の確保**　1歳未満の子どもを育てる女性は、希望すれば、就業時間の中で、1日に2回、1回につき少なくとも30分、「育児時間」を確保することができます（労基法67条1項。原則無給）。この「育児時間」は、1日1回1時間とすることもできると解されています。

5　各種休暇・休業その他の支援措置の利用と不利益取扱い

　(1)　**産休の取得などに対する解雇・不利益取扱いの禁止**　労基法は、産前産後の休業期間およびその後の30日の間の解雇を禁止しています（19条1項）。また、均等法は、①婚姻・妊娠・出産を退職理由として予定する定め（9条1項）、②婚姻を理由とする解雇（9条2項）、③妊娠、出産、産休の取得の請求・取得、その他妊娠出産に関する解雇や不利益取扱いを禁止しています（9条3項）。

　上記③については、妊娠した女性が、管理職であった場合に、軽易業務への異動の申出（労基法65条3項）を受けて、その役職を免じる人事対応（降職）が許されるかが問題となった裁判例があります（広島中央保健生協〔C生協病院〕事件・最判平26年10月23日）。最高裁は、軽易業務への転換を理由としての降格は、原則として均等法9条3項違反となるとしましたが、使用者が本人に不利益の程度を含む十分な説明をして、本人がこれを自由な意思に基づいて承諾した場合、又は業務上の必要性があり、それが均等法9条3項の趣旨・目的に実質的に反しないと認められる特段の事情がある場合には、例外的にそのような措置も違法ではないと判断しました。

　(2)　**育児に関する各種措置の利用などに対する解雇・不利益取扱いの禁止**　育介法では、育休、出生時育休、看護休暇、所定外労働の免除、時間外労働の制限、短時間勤務など育介法が定める各種の措置の利用を申し出たこと、実際にこれらの制度を利用したことを理由として、その者を解雇すること、降職などの不利益な取扱いをすることが禁止されています（育介法10条・16条・16条の4・16条の7・16条の9・18条の2・20条の2・23条の2）。

82　第Ⅲ部　職場の環境

使用者は、育休を取得した労働者を、復職する際に休業以前に従事していた職務に復帰させる義務があるかという点については、育介法上は何も定めがありません。育介法の指針では「原則として原職又は原職相当職に復帰させるよう配慮すること」とされています。裁判例をみると、育休復帰後に役割を引下げこれに伴い役割報酬が減額し、休業を含む査定期間の成果を自動的に0と査定し、女性の年収を引き下げたことは人事権の濫用にあたるとし違法と判断したものがあります（コナミ・デジタル・エンタテイメント事件・東京高判平23年12月27日）。他に、基本給や手当の面で直ちに減額とならない場合であっても、将来のキャリア形成に影響を及ぼしかねない復職時の配置転換については、育介法10条違反に該当する可能性があります。裁判例には、産休・育休取得前は部下37名を率いるチームリーダーであった女性が、育休明けの職場復帰時に「1年半以上休んでいてブランクが長く、復職してからも休暇が多いから、チームリーダーとして適切ではない」と説明され、部下のいない電話営業の業務を命じられたものがあります（アメリカン・エキスプレス・インターナショナル・インコーポレイテッド事件・東京高判令5年4月27日）。裁判所は、本人が自由な意思に基づいてそのような異動を承諾した事情は認められず、部下37名を統括していたリーダーを部下のいない新規販路開拓業務につかせ、優先業務として自ら電話営業を行うように命じることには業務上の必要性が高かったとは言えないとして、職場復帰時の配属は、均等法9条3項と育介法10条が禁止する「不利益な取扱い」にあたると判断しました。

(3)　**マタニティハラスメントの防止措置義務**　　2016年からは、使用者（派遣先企業を含む）に対して、育児・介護のための休暇・休業、短時間勤務等の制度・措置の利用に関するハラスメントの防止に関する措置義務が課せられています（均等法11条の2、派遣法47条の2、育介法25条）。（本書❿参照）

❶のQ&A：
理解度チェック

男性の育児

　男性と女性の家事関連時間の不均衡は従前から指摘されている問題です。男性の育児参加が進まない背景には、男性の育児に対する意識（「育児を手伝う」という発言に当事者意識の薄さが滲みでます）がありますが、男性本人が育児に積極的であっても職場がそれを認めないという問題もあります。男性正社員に育休を利用しなかった理由を尋ねたところ、「収入を減らしたくなかったから」（39.9%）という理由に続いて、「職場が育休を取得しづらい雰囲気だったから、または会社や上司、職場の育休取得への理解がなかったから」（22.5%）が挙げられています（日本能率協会総合研究所「仕事と育児の両立等に関する実態把握のための調査研究事業」〔労働者調査〕2022〔令4〕年厚労省委託事業）。家庭におけるカップルの意識変革だけではなく、職場の様々な年代の労働者が育児や介護の責任に対する理解を深める必要がありそうです。

資料❶　育児休業取得期間の状況 (%)

	5日未満	5日～	2週間	1月～	3月～	6月～	8月～	10月～	12月～	18月～	24月～	34月～
女性	0.5	0.0	0.1	0.8	3.5	6.4	8.7	30.0	34.0	11.1	4.5	0.6
男性	25.4	26.5	13.2	24.5	5.1	1.9	1.1	1.4	0.9	0.0	0.2	-

出典：厚労省「雇用均等基本調査」事業所調査23頁表9より筆者作成。

ブラック企業からお金の支払いを請求されたら？

● どんなことが実際にはあるの？

2013年、「ブラック企業」という言葉が流行語大賞を受賞しました。ブラック企業の特徴とされる内容には、長時間労働、残業代未払い、パワーハラスメントなどが挙げられますが、このコラムでは、働いている人に対する罰金やノルマ強要を取り上げてみましょう。

働いている人に罰金を請求する例としては、外食産業での皿を割ったことの弁償、オーダー間違いによる罰金、製造業における不良品の出荷による罰金があります。また、キャバクラやスナックにおける遅刻やノルマの未達成による罰金も常態化していると言われます。最近では、コンビニエンスストアのフランチャイズにおいて、従業員にクリスマスケーキやおせち料理の販売のノルマが課され、達成できない場合にその従業員に買い取らせるということが問題となりました。

さらに、マンションの経営等を行う会社で、予定をオーバーする費用の契約を結んだ担当者が会社から数百万円の賠償を求められて自殺したとされる事件も報道されています。

● 法律上は有効なの？

これらの扱いは、法律上許されないものである場合が多いと考えられます。

まず、ノルマが達成できなかった場合に、クリスマスケーキやおせち料理を買い取らせようとする場合、従業員が買い取りに応じる義務はまったくありません。

次に、上記の罰金を給与から差し引くことは、労働基準法24条の「賃金は……その全額を支払わなければならない」という賃金全額払の原則から許されません。いくらノルマが達成できなかったとしても、その商品代金等を給与から差し引くことは違法となります。また、仕事で使う制服や作業着の代金を給与から引くこともできません。

ただし、懲戒処分として減給するということは法律上可能です。しかし、❾で見たように、懲戒として減給をすることができるのは、会社に本当に損害が発生するなどの場合であり、どんな場合にも罰金を払わせることができるわけではありません。また、懲戒としての減給は、1回の額が平均賃金の一日分の半額を超えることはできません。たとえば、時給1200円で7時間働くアルバイトの場合、1200円×7時間÷2＝4200円を超える金額の減給を1回で課すことはできません。そのため、この金額を超える減給は許されません。

また、労働者のミスによって会社に損害を与えてしまった場合に、その損害の賠償を請求される場合があります。しかし、❾で見たように、必ず労働者が賠償をしなければならないものではありません。

まず、仕事上通常起こり得るミスについては、賠償する義務はありません。たとえば、システムエンジニアが会社からのノルマを達成できず、それによって管理職が対応を余儀なくされ、売上が減少したことの損害賠償を求めた事件で、裁判所が「売上減少、ノルマ未達などは、ある程度予想できるところ」として請求を退けた判決があります（エーディーディー事件・京都地判平23年10月31日）。

そして、労働者に故意、過失があるために賠償する義務がある場合も、発生した損害の全額を賠償する義務があるわけではありません。特に、過大なノルマを課されてやむなく不適切な行為を行ってしまった場合には、損害の一部のみ支払いが命じられています（消費者金融会社の社員が、営業目標が達成できず「もっとプライド持て」「一体感が感じられない！ 組織を一から固めろ」などと名指しで叱責されて、内部的な貸付基準に反する貸付を行ってしまった事件で、発生した損害の1割の賠償のみが命じられた判決として、株式会社T事件・東京地判平17年7月12日があります）。

なお、会社によっては、損害の賠償をしない限り退職させないと言われる例があります。しかし、仮に損害を賠償しなければならない場合でも、賠償と退職は別の問題なので、企業が退職を制限することはできません（❸参照）。

● どうやって変えていったらいいの？

このように違法な扱いをされた場合、どのように対処したらよいのでしょうか。

まず、労働基準監督署や弁護士に相談することが考えられます（⓱参照）。

また、労働組合を設立・加入して団体交渉を行うことも考えられます（⓰参照）。労働組合には、地域で組織していて1人でも加入できる労働組合が多数存在しています。また、近時は、「青年ユニオン」や「学生ユニオン」等の名称で、若年者を中心に組織している労働組合も活動し、ブラックバイトの問題などを扱っています。労働組合による団体交渉であれば、法律上企業はこれを拒否することはできません。拒否すると団交拒否という不当労働行為が成立します（⓰参照）。

多くの人が声を上げたり裁判を起こしてブラック企業のやり方を変えさせてゆくことが、働きやすい社会を作るために重要です。

第 IV 部

仕事を
やめる

13 やめてくれと言われたら？

> **設例** A君は、リース会社に就職して営業の担当になりました。しかし、まったく成果が上げられません。ついに部長から呼び出され、「やる気がないなら、やめてくれ」と言われてしまいました。もう会社にはいられないのでしょうか？

1 「やめてくれ」って、どういう意味？

　会社に「やめてくれ」と言われても、その言葉が発せられた経緯や状況、言い方やその後の対応などによって、法的な意味や効果が変わってくるので注意が必要です。会社が強い決意をもって「やめてくれ！」と言うときは、「**解雇**」の告知ということになります。解雇は、その理由によって、①労働者の勤務成績不良や病気などを理由とする「普通解雇」、②労働者の非違行為を理由とする「懲戒解雇」、③使用者側の経営上の危機などを理由とする「整理解雇」の3つに分けられます。いずれのタイプの解雇についても、裁判では手続面と実体面の双方からその有効性が判断されますが、どちらか一方が違法とされれば無効とされる傾向にあります。

　これに対して、会社がやや弱く「やめてくれないかな？」というニュアンスで言うときは、労働者側の意思表示が必要な、いわゆる「**退職勧奨**」である場合があります。これも、その態様によって、労働者が一方的に行うはずの「辞職」を求めるものとされたり、双方の意思の合致を必要とする「合意解約」の申込み（または申込みの誘引）とされたりして、法的な効果が分かれます。なお、「やめてくれないかな？」も、言い方次第では、労働者の自由な意思決定を阻害する不法行為となる場合があります。

2 法律による解雇の禁止

　労働法は、①一定の困難な状況にある労働者の解雇や、②差別的な解雇、③労働者としての権利行使を抑制する解雇、および④正当な行為に対する報復的な解雇を明文で禁止しています。

　第1に、仕事上のケガや病気を理由とする休業期間、産前産後の休業期間およびその後の30日間の解雇が禁止されています（労働基準法19条。以下、労基法）。

　第2に、国籍・信条・社会的身分を理由とする解雇を含む差別一般（労基法3条）、および、性別を理由とする差別的な解雇（男女雇用機会均等法6条4号）、女性従業員の結婚・妊娠・出産を理由とする解雇（同法9条各項）が禁止されています。

　第3に、労働組合を結成し、組合員になり、その活動をしたことを理由と

→ 1　解雇が無効とされると、従前の労働契約関係が継続していたことになるので、解雇されていた期間について、本来なら得られていたはずの賃金を使用者に請求することができます（民法536条2項）。

→ 2　退職する意思はないと明言していた高校教諭らに対し、教育委員会の委員長らが約3か月間、十数回にわたって退職勧奨を繰り返したり、労働組合の立会いを拒んだりしたことは違法であるとされ、慰謝料の支払いが命じられたという例があります（下関商業高校事件・最判昭55年7月10日）。

→ 3　本書⓫2参照

→ 4　本書⓬2参照

する解雇、育児休業や介護休業を申し出たり、実際に取得したりしたことを理由とする解雇（育児・介護休業法10条・16条）、裁量労働制の適用を拒否したことを理由とする解雇（労基法38条の4）、職場の労働条件を決めるための労使委員会制度や労使協定制度のもとで従業員の代表に立候補し、代表となり、その正当な活動をしたことを理由とする解雇（労基法施行規則6条の2・24条の2の4、労働者派遣法施行規則33条の4）が禁止されています。

第4に、職場の労働基準法違反、労働安全衛生法違反に関する内部告発や、公益通報を行ったことを理由とする解雇（労基法104条、労働安全衛生法97条、公益通報者保護法3条）、労働者が使用者との間の紛争解決のために行政機関に援助やあっせんを求めたことを理由とする解雇（個別労働紛争解決促進法4条3項）が禁止されています。

3　解雇の手続

具体的な解雇の有効性判断に際して、手続面からは主に以下の4点が問題となります。

第1に、どのような場合に使用者が労働者を解雇できるかは、就業規則などの中に明記され、労働契約の内容となっていなければなりません（労基法89条3号）。特に懲戒解雇においては、罪刑法定主義という刑法の原則に準ずる考え方から、この点は厳しく評価されます。

第2に、解雇を決定するプロセスについても、所定の手続にのっとったものである必要があります。特に、懲戒解雇を視野に入れた労働者の非違行為の調査などに際しては、本人に対する事情聴取・弁明権の付与などは重要な事項といえるでしょう。

第3に、解雇の告知手続があります。労基法20条は、使用者が労働者を解雇しようとする場合、少なくとも30日前に解雇の予告をするか、もしくは、30日分以上の平均賃金を「解雇予告手当」として支払うよう求めています。また、使用者は、解雇の理由を文書で明示することが義務づけられています

➡ 5　労働組合法7条1号では、労働組合の組合員を不利益に取り扱うような使用者の行動を「不当労働行為」として禁止しています。くわしくは本書⑯5参照。

➡ 6　「犯罪とされる行為とその行為に対して科される刑罰の内容は必ず法律に明記されていなければならない」という原則のことです。

➡ 7　新しい規定を過去の行為に適用してはならないこと（刑罰の不遡及の原則）、処分済みの行為を再び処分することはできないこと（一事不再理の原則）などについても同様です。

➡ 8　解雇予告の除外事由
「天災事変その他やむを得ない事由のために事業の継続が不可能となった場合」や、労働者の責に帰すべき事由に基づいて解雇する場合には、労働基準監督署長による除外認定を受けたうえで、解雇予告ないし解雇予告手当の支払いなしに解雇をすることができます。

 解雇の規制緩和と解雇の金銭解決制度

日本経済の停滞の一因として、日本の解雇規制の厳しさを指摘する声があります。たとえば、衰退産業から新興産業への労働移動が制限されるため日本の産業活力を阻害しているのではないか？　整理解雇の4要件は極めて厳格であるため企業経営の立て直しを難しくしているのではないか？　企業が解雇以外の方法で労働者を退職させなければならないため、追い出し部屋などの陰湿な措置をとることを誘発しているのではないか？　といったものです。有期雇用の労働者は5年を超えて雇用されると無期雇用への転換を請求することができますが、これを阻止するために5年で雇い止めしてしまう企業も少なくありません。他方で、解雇規制の緩和はいたずらに正社員の失業を増やすだけだ、とか、雇用の不安定化が労働者の将来設計を難しくし、少子化を進めてしまう、との反論もなされています。

また、労働者にやめてもらうことを使用者が選択した後の処理として解雇の金銭解決制度を導入するべきかについても議論がなされています。これまで、解雇に関する紛争は「私をクビにしたのは違法だったので、解雇はなかったことにして、元の仕事に戻してください」というふうに職場への復帰を求める争い方が主流でした。そこに選択肢として「クビにしたことへのお詫びとして、カネを払ってもらいます」という解決方法を採り入れようというのが金銭解決制度です。実際、都道府県労働局の個別労働紛争解決制度では、金銭を支払ってもらうことで紛争を解決させる処理が広く行われています。

解雇の金銭解決を立法で制度化すべきかどうかについては、厚生労働省「解雇無効時の金銭救済制度に係る法技術的論点に関する検討会」によって検討が行われ、2022年4月12日に報告書が出されています（https://www.mhlw.go.jp/stf/shingi/other-roudou_558547.html）。

（労基法22条1項・2項）。解雇理由の明示は、労働者が解雇の撤回を求めて交渉したり裁判で違法性を争ったりするために不可欠なものです。

そして、第4に、病気休職制度など解雇を回避・猶予するための制度が利用できる場合は、解雇の決定に先立ってそれらが利用されたかどうかが問題となりえます。

4　解雇権の濫用

前述の法律による解雇禁止や解雇手続の問題をクリアしても、具体的な解雇の有効性判断に際しては、実体面から、解雇権の濫用の有無が検討されます。労働契約法16条には、「解雇は、客観的に合理的な理由を欠き、社会通念上相当であると認められない場合は、その権利を濫用したものとして、無効とする」という規定が置かれています。これは、過去の裁判例の積み重ねによって確立された**解雇権濫用法理**という考え方をそのまま法律として明文化したものです。

明治29（1896）年に制定された民法では、解雇は自由とされていました。[9]
しかし、それでは労働者が被る不利益が大きいため、解雇の自由を規制する方向で裁判例の集積が進みました。**日本食塩製造事件**（最判昭50年4月25日）によって「使用者の解雇権の行使も、それが客観的に合理的な理由を欠き社会通念上相当として是認することができない場合には、権利の濫用として無効になる」と判示され、解雇権濫用法理を最高裁が認めました。さらに**高知放送事件**（最判昭52年1月31日）では「普通解雇事由がある場合においても、使用者は常に解雇しうるものではなく、当該具体的な事情のもとにおいて、解雇に処することが著しく不合理であり、社会通念上相当なものとして是認することができないときには、当該解雇の意思表示は、解雇権の濫用として無効になる」と示されています。このような経緯を経て裁判所が形成した法理は、2007（平19）年に労働契約法が制定されたのに際し、第16条として規定されるに至ったのです。

解雇権濫用法理では、大きくは「客観的合理性」および「社会的相当性」の2段階で判断されます。

まず、客観的合理性についてですが、これは労働者側の事情と、使用者側にかかわる事情とに分かれます。労働者側の事情としては、労働者個人の能力や適格性に関する事由があります。たとえば、病気のために働けなくなったとか、勤務成績があまりに悪くて仕事を続けさせることができない、といったものです。また、労働者の非違行為に関する事由ということもあります。たとえば、無断欠勤が相次ぐとか、会社のカネを横領していたことが発覚した、といったものです。他方、使用者側の事情としては会社の経営不振によるリストラがありますが、これについては後ほど「整理解雇の4要件」でくわしく触れます。このような解雇事由が存在していることが示されたうえで、それが形式的に就業規則などで定められた解雇理由に該当し、しかも所定の解雇手続にのっとって解雇が決定されたかどうかが検討されます。

解雇の社会的相当性に関しては、解雇規定自体の相当性（所定の解雇理由は過酷すぎないか？）や、解雇規定の適用の相当性（これまでの適用例との比較で解雇は不公平ではないか？）といった観点から、解雇という重大な結果を労働者に負わせることもやむをえないといえるかどうかが検討されます。たとえ

---

[9]　現行の民法627条1項は「当事者が雇用の期間を定めなかったときは、各当事者は、いつでも解約の申入れをすることができる。」と定めています。これを踏まえて、本書❶1で触れた「契約自由の原則」を読み返してみてください。

ば、アナウンサーXが2週間の間に2度、宿直勤務で寝坊して午前6時のラジオニュースを放送できなかったため解雇されたという事例があります。この事件で裁判所は、Xの行為は就業規則所定の解雇事由に該当するものではあるが、一緒に事故を起こしたZは譴責処分を受けただけで済んでおり、過去に放送事故で解雇された例はないこと等から「必ずしも社会的に相当なものとして是認することはできない」と述べ、この解雇には社会的相当性が欠けているとしています（前掲・高知放送事件）。

5　整理解雇の4要件

　整理解雇とは、会社の倒産やそのおそれ、あるいは部門の廃止などに伴ってやむをえず行われる解雇のことです。労働者側の能力不足や落ち度とは関係なく、会社のせいで行われるものであるため、解雇権濫用法理はより厳しく適用されることになります。

　整理解雇については、判例の積み重ねによって「整理解雇の4要件」という法理が確立されており、次の4点が検討されることになります。

　第1に、「人員整理の必要性」です。経営状況がどの程度悪化した場合にどの程度の整理解雇が認められるかについて明確な基準はありませんが、倒産必至という高度な必要性までは求められていません。赤字転落などが1つの目安になるでしょう。

　第2に、「解雇回避努力」です。たとえ人員整理の必要性が認められた場合でも、整理解雇は最後の手段であり、まずは解雇を回避するための努力が尽くされる必要があります。新規採用の停止、残業の抑制、昇給の停止、配転・出向、一時帰休、会社の遊休資産の売却や役員報酬のカットなどが考えられるでしょう。実際の裁判では、整理解雇に先立って希望退職を募集したかどうかが重視される傾向にあります。

　第3に、「人選基準およびその適用の相当性」です。つまり、整理解雇はやむをえないとして、どのような労働者から順に解雇すべきかという、優先

→10　整理解雇が有効とされるためには、これら4つの観点がすべて満たされる必要があるというのが基本的な理解です（4要件説）。ただ、裁判例では4つの観点をすべて判断していないこともあります。そこで、この4つの観点は、整理解雇の有効性を総合的に考慮するための要素だと位置づける見解（4要素説）もあります。

資料❶　厚生労働省のモデル就業規則

① 勤務状況が著しく不良で、改善の見込みがなく、労働者としての職責を果たし得ないとき。
② 勤務成績または業務能率が著しく不良で、向上の見込みがなく、他の職務にも転換できないなど就業に適さないとき。
③ 業務上の負傷または疾病による療養の開始後3年を経過しても当該負傷または疾病が治らない場合であって、労働者が傷病補償年金を受けているときまたは受けることとなったとき（会社が打ち切り補償を支払ったときを含む）。
④ 精神または身体の障害により業務に耐えられないとき。
⑤ 使用期間における作業能率または勤務態度が著しく不良で、労働者として不適格であると認められたとき。
⑥ 就業規則に定める懲戒解雇事由に該当する事実が認められたとき。
⑦ 事業の運営または天災事変その他これに準ずるやむを得ない事由があったとき。
⑧ その他、以上の各内容に準ずるやむを得ない事由があったとき。

厚生労働省のモデル就業規則の詳細はQRコードを参照してください。

順位のつけ方の妥当性です。一般的には、勤務成績、企業貢献度、再就職の可能性、解雇後の生活状態（経済的な打撃の大きさ）などが考慮されます。なお、希望退職の募集に先立ち、パートタイマーなどの非正規従業員を解雇・雇止めする方法がとられることがあります。裁判所は日立メディコ事件（最判昭61年12月4日）において、有期契約労働者の雇用継続に対する期待は正規従業員の長期雇用に対する期待とは相違するため、「希望退職者の募集に先立ち臨時員の雇止めが行われてもやむを得ない」と示しています。[11]

第4に、「労働組合などとの協議、労働者への説明」という手続的な要求です。会社の経営状況について労働者に説明し、対応策を協議することは、有効な解雇回避策を考え、実行したり、妥当な人選基準を決定したりするためにも必要不可欠だからです。

6　退職勧奨

以上で見たとおり、解雇には法律や判例法理によって様々な制約がかけられており、会社にとって使い勝手のよい制度ではありません。そこで多用されるのが**退職勧奨**です。具体的には、労働者の一方的な意思表示による退職（辞職）や、労働者と使用者の意思の合致による退職（合意解約）を労働者に促す方法です。使用者が解雇を切り出せば紛争に発展するかもしれませんが、労働者の側から「やめたい」と言い出してもらえば訴訟を起こされるリスクを回避できますし、解雇予告手当の支払いも不要になります。

労働者は「職業選択の自由」（憲法22条1項）を有しているので、（契約期間が合意されている有期雇用の場合は別として）2週間前に申し出ればいつでも無条件に退職することができます。[12] これが**辞職**です。会社が言う「やめてくれ」は、この「辞職」の意思表示をしてくれないかというお願いである場合があります。形式としては「辞職届」などの提出が求められることになります。労働者による一方的な権利行使の形をとっているため、一度意思表示してしまうと撤回が難しいので注意が必要です。

これに対して、**合意解約**の申込み、またはその誘引として、「やめてくれ」と言ってくる場合もあります。形式としては「退職願」などの提出が求められることになります。合意のための申込みという形をとっているため、会社の責任者が承諾するまでは撤回できます。[13] とはいえ、労働者をやめさせようとしている会社ならば間髪入れずに承諾してくるでしょうから、危険であることに変わりはありません。

いずれの場合も、形式上「解雇」ではないため、解雇予告手当（労基法20条）がもらえませんし、失業給付の受給に際していわゆる自己都合退職とみなされ、給付の開始が遅くなる可能性があります。

なお、退職の意思がないと伝えているにもかかわらず、会社が執拗に退職の意思表示を要求するなど、労働者の人格的利益を侵害するような態様で「退職勧奨」が行われたときは、そのような退職勧奨は違法とされ、使用者に対して不法行為に基づく損害賠償を請求できる場合があります。[14]

7　退職の意思表示の無効・取り消し

退職勧奨による場合を含め、労働者による退職の意思表示は、一定の場合に無効となったり、取り消したりすることができます。

---

[11] 本書⓮参照

[12] 民法627条1項は、期間の定めのない雇用契約の場合には「解約の申入れの日から二週間を経過することによって終了する。」と定めています。

[13] 同僚の失踪事件に関して事情聴取を受けた労働者が人事部長に対して退職届を提出したものの、翌日になって退職の意思表示を取り消すと申し入れてきたという事件において、人事管理の最高責任者である人事部長が退職を承認すれば合意解約が成立すると判断された例があります（大隈鉄工所事件・最判昭62年9月18日）。

[14] 本書⓾6参照

第1に、**心裡留保**（民法93条）の場合です。労働者が「辞職届」や「退職願」を提出しても、会社側がそれが労働者の本心ではないと知っていたときは効果が発生しません。→15 とはいえ、本心ではないと会社側が知っていたことを立証するのは困難なので、たとえば「悪いようにしないから形だけでも退職届を出しなさい」と言われても応じるのは危険です。

　第2に、**通謀虚偽表示**（民法94条）の場合です。この規定によれば、労働者と会社が通じあって虚偽の合意解約を行っても無効となります。もっとも、これは虚偽を信じた第三者の保護を主眼とする規定なので、退職との関係ではあまり論じられません。

　第3に、**錯誤**（民法95条）の場合で、主に「動機の錯誤」が問題になります。退職の意思表示の背景にある労働者の思惑に誤解があり、会社側もその誤解を知っていた場合（特に、会社側がわざとそのような誤解に至らしめた場合など）です。このような退職の意思表示は無効とされます。→16

　第4に、**詐欺や強迫**による場合です。民法96条は「詐欺又は強迫による意思表示は、取り消すことができる。」と定めています。ただし、労働者の意思の自由を阻害する程度のものでなければ取り消しは認められません。

→15　謝罪を求められた労働者が、反省の態度を示そうとして提出した「退職願」につき、その真意は謹慎を解いてもらうことにあって口頭では勤務継続の意思を表明していたという場合、心裡留保により無効で退職の効果は生じないと判断された例があります（昭和女子大学事件・東京地決平4年2月6日）。

→16　出退勤時刻を虚偽入力していたことが発覚する等した労働者が、自主退職しなければ懲戒解雇されるかもしれないと信じて退職の意思を表明したものの、労働者の非違行為は軽微であって実際には懲戒解雇にはできないようなものであったという場合、退職の意思表示は錯誤により無効とされた例があります（富士ゼロックス事件・東京地判平23年3月30日）。

⓭のQ&A：
理解度チェック

 辞めたいのに辞めさせてくれない

　少子化の影響により、日本では人手不足が深刻化しています。特に、価格競争が激しいため賃金を上げづらい飲食店や、深夜営業を行おうとすると人手が多く必要となるコンビニエンスストアといった業態で、労働者が確保できないという問題が起こりがちです。人のやりくりが難しくなっているところで従業員がやめようとすると、せっかく獲得した人材を手放したくないので、あの手この手で引き留めようとします。退職を申し出た労働者に対して、「君がいてくれないとウチの店はつぶれちゃうよ」と人情に訴えるのはまだいいほう。近時、学生がアルバイトをやめようとすると「代わりの人を見つけてくるまで、この退職届は預かっておく」とつっぱねたり、若手従業員が退職の意向を切り出すと「お前のせいで採用活動をやりなおすハメになったのだから、かかった費用を弁償しろ」と迫られたりするトラブルが生じています。

　しかし、労働者には「職業選択の自由」（憲法22条1項）があり、「退職の自由」があります。退職願は「お願い」なので、労使双方の合意が必要になります（その代わり、合意が成立したらすぐに退職することができます）。他方、辞職届は退職の「宣言」なので、提出して一定期間が経ってから退職となります。急にいなくなられると困るので引き継ぎをしていって欲しい、と使用者が頼むことはできますが、その場合でも本文の6で述べたように辞職なら2週間前までに申し出れば足ります。事業の運営に必要な数の労働者を確保するのは使用者の責任ですから、やめようとする労働者には代わりの人を見つけてくる責任はありませんし、代わりの人が見つかるまでやめるのを待つ必要もありません。

　また、退職に対する違約金や損害賠償額をあらかじめ定めておくことは違法です（労基法16条）。

14 会社から契約を更新しないと言われたら？

設例 運送会社で1年ごとに契約をする契約社員として経理事務をしているAさん。ずっと専業主婦でしたが、子どもが2人とも私立大学へ進学してお金がかかるようになり、夫の収入だけでは不安な状況になったので、知人のつてで4年前の1月から働き始めました。しかし、今はどこも不況。年末を控えた12月のある日、社長に呼ばれたAさんは「悪いけど、契約は今月いっぱいで終わりにしてください。新年からは来ていただかなくて結構です」と言われました。そんなことを言われても、まだ次男の大学卒業までは2年もあるし、そもそも何の失敗もしていないのにいきなりやめてくれと言われても釈然としません。

1 雇用契約の期間設定

　雇用も契約の一種であるため、その内容は労働基準法（以下、労基法）をはじめとする法律に違反するなどしない限り、当事者（会社と労働者）の間で自由に内容を決めることができます（法律や就業規則などに違反する契約がどうなるかは本書❶参照）。契約に期間を設定することも、原則としては自由に決定できる内容の1つといえます。そして、期間が設定された契約は、契約期間が終われば当然に終了し、さらに働くためには、新たに契約を結び直すことになるのです。この新たに契約を結び直すことを一般に「契約の更新」といいます。契約は初めて締結する場面でも、更新の場面でも、当事者の両方が契約に合意する必要があり、どちらか一方が嫌だといえば締結も更新もできないのが原則です。

　そして、この事例のように労働者の側は働き続けたいと思っているのに、会社側が契約の更新に合意しないことを、「更新拒絶」または「雇止め」と呼んでいます。期間設定をしていない雇用契約（無期契約）を締結している労働者については、会社がやめさせたいと思ってもいわゆる解雇権濫用法理が適用されて、そう簡単には解雇することはできないのでした。それでは、有期労働者にはそのような保護はないのでしょうか？　解雇であれ、雇止めであれ、労働者は働き続けたいと思っているのに、会社側がその労働者をこれ以上働かせないようにするという意味では大きな違いはないともいえます。

　また、有期契約であっても、その途中で会社が解雇をしたり、労働者が辞職したりすることもありえます。その場合には、どうなるのでしょうか？

2 有期雇用契約に対する法規制

　雇止めや解雇の話に入る前に、法律が有期雇用契約についてどのように定めているかをみておきましょう。どのような契約にするかは当事者の自由ですが、それもあくまで法律などに違反しない限りにおいてです。

まず、契約全般の原則を定める民法[1]では、有期雇用を途中で解約するにはやむをえない事由がなければならないことや、5年を超えるような有期契約については当事者双方が5年を経過した後はいつでも解約できることを規定するのみで、特に期間の制限はしていません。労基法は、契約期間の最長を原則として3年（専門知識・技能を用いる労働[2]については5年）と定めています（14条1項）。このように、期間を定めて雇用契約を締結すると労働者もその期間中は容易には辞められないことから、そのような拘束を認めないようにしようという姿勢で作られています。これは、もともとこれらの規定が、戦前の世界、すなわち借金のかたに娘が工場に働きに出され、1日の大半を強制的に労働させられるような状況を想定して、そのような劣悪な状況[3]から労働者が簡単に逃げられるようにしようと考えられたからだといわれています。しかし、現代では有期雇用の問題は働きたいのに無理矢理やめさせられたという場面に移っています。そこで、厚生労働大臣が有期雇用の終了場面に関して紛争を防止するために必要な事項に関する基準を定め、この基準に基づいて必要な助言指導を行うこととされています（労基法14条2項・3項）。

これを受けて現在厚生労働大臣が策定している基準「有期労働契約の締結、更新、雇止め等に関する基準」（平15年10月2日厚生労働省告示357号）は、それ自体としては直接に法的な強制力をもつものではありませんが、紛争防止の観点から使用者が講ずべき措置などについて定めています。具体的には、契約締結に際して、通算契約期間や更新回数の上限を設定し、または引き下げるときには理由を説明すること（1条）、3回以上更新されもしくは1年以上継続した契約の不更新についてあらかじめ不更新が明示されているものを除き契約終了の30日前までに労働者に通知すること（2条）、契約終了の前後を通じて労働者が求めたときは使用者は契約不更新理由の証明書を労働者に交付すること（3条）、当初の契約から1年以上継続勤務した労働者の契約更新については当該労働者の希望に応じてできるだけ長期間の契約を締結するよう努力すること（4条）が定められています。

→ 1　民　法
　民法は契約を結んだり、不法行為などによって他人に損害を与えた場合の賠償について定めたりする基本的な法律です。雇用契約についても、基本的な部分は民法に定められています。労働者が使用者の指揮命令下で労務を提供し、使用者がそれに対して賃金を支払う形態の契約のことを民法では雇用契約といい、そのような契約を規制する労働法ではこれを労働契約と呼んでいます。

→ 2　専門知識・技能を用いる労働
　厚生労働大臣基準（平15年10月22日厚生労働省告示356号）の定める専門知識・技能を用いる労働は、①博士の学位を有する者、②公認会計士、医師、歯科医師、獣医師、弁護士、一級建築士、税理士、薬剤師、社会保険労務士、不動産鑑定士、技術士、弁理士、③システムアナリスト試験に合格した者またはアクチュアリーに関する資格試験に合格した者、④特許発明の発明者、登録意匠を創作した者または登録品種を育成した者、⑤農林水産業、鉱工業、機械、電気、土木もしくは建築に関する科学技術に関する専門的応用能力を有する者、システムエンジニアの業務に就こうとする者または衣服、室内装飾、工業製品、広告等の新たなデザインの考案の業務に就こうとする者であって、一定の実務経験があり、年収1075万円を下回らない者、⑥国、地方公共団体、一般社団法人または一般財団法人その他これらに準ずるものによりその有する知識、技術または経験が優れたものであると認定されている者です。

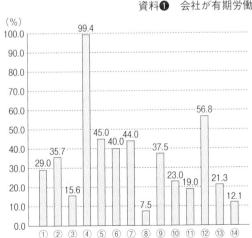

資料❶　会社が有期労働者を雇う理由

①学卒等一般の正社員の採用、確保が困難なため
②人を集めやすいため
③家庭の事情等により中途退職した正社員の再雇用のため
④定年退職者の再雇用のため
⑤正社員の代替要員の確保のため
⑥仕事内容が簡単なため
⑦人件費が割安なため（労務コストの効率化）
⑧システム化によって比較的簡易な業務が増加したため
⑨1日の忙しい時間帯に対処するため
⑩一定期間の繁忙に対処するため
⑪仕事量が減ったときに雇用調整が容易なため
⑫経験・知識・技能のある人を採用したいため
⑬その他
⑭不明

出典：厚生労働省「令和3年パートタイム・有期雇用労働者総合実態調査の概況」（令和4年11月25日）に基づき筆者作成

→3 「そのような劣悪な状況」
細井和喜蔵「女工哀史」や農商務省商工局「職工事情」（いずれも岩波文庫）などにくわしいので興味があれば参照してください。

→4 訓示規定
法律の規定は通常であれば、ある事情が発生したりある行為をしたら、どのような効果（結果）が発生するかということを規定しています。これに対して、訓示規定は法律の目標や理想を示すだけで、特に効果と結びつけられていない規定のことをいいます。今後の政策の方向性を示したり、国民に協力を求めたりするという点では重要な意味がありますが、裁判などを通じて強制をするという通常の法律のイメージからすれば特別な意味はありません。

→5 「生活そのものがかかっているような労働者」
正規労働者に対する需要が高まったことを受けて、ここ数年は正社員を希望していながら非正規労働者となっている人（その多くが生活のかかった労働者と想定できます）は減少傾向にありますが、それでも男性非正規労働者の16.8％にあたる約107万人、女性非正規労働者の7.7％にあたる約110万人にのぼります（令和5年版労働経済白書）。

→6 類推適用
ある法律の規定がもともと想定していたことがらではないけれどもよく似たような事情があり、適用したのと同じ取扱いをするほうが公正・公平であると考えられるような場合に、実際に適用することをいいます。

労働契約法17条2項は必要以上に短い期間を定め、これを反復更新することのないように求めていますが、これも訓示規定[*4]です。

3 雇止め法理

雇用契約に期間が設定されているというだけで、期限到来のたびに会社が更新をしてくれるかどうかわからないというのでは、不安で仕方ないでしょう。この事例でも、子どもが大学を卒業できるかがかかっていますから、ここでいきなり職を失うことは大変な問題ですし、生活そのものがかかっているような労働者[*5]であれば事態はより深刻です。また、当初自ら合意したこととはいえ、無期契約の労働者には解雇権濫用法理が適用されるのに、有期雇用の労働者には適用されないというのは公平を害する場合も考えられます。

そこで、判例は、有期契約は期限の到来によって終了するという、ある意味ではこれ以上ないくらい当然の原則を少々強引に修正しました。判例が示した考え方としては、契約更新の方法などから問題となっている有期契約が実際には無期契約と実質的に異ならないものだったから無期契約と同じように考える（東芝柳町工場事件・最判昭49年7月22日）とか、働き方の実態からみて問題となっている有期契約は実は試用期間だった（神戸弘陵学園事件・最判平2年6月5日）といったようにいくつかのパターンがありますが、現在最も一般的に用いられているのがいわゆる「雇止め法理」と呼ばれるものです。これは、①仕事の性質（常に必要な仕事か、臨時的なものか等）、②更新の回数や勤続期間、③雇用管理の状況（厳密に契約期間を管理していたか、実際には特段の手続などなく契約を更新していたか等）、④会社の言動（雇用の継続を期待させるような発言をしたり態度をとったりしたか等）などを中心に検討し、もし労働者が雇用の継続に期待をいだいたことに合理性があれば、解雇権濫用法理を「類推適用[*6]」するというものです（日立メディコ事件・最判昭61年12月4日）。たとえば、半年ごとの契約だけど20回以上更新して勤続10年を超え特に問題が生じていないとか、最初の契約のときに社長が「これから5年以上は働いてくださいね！」と発言していたような場合などには解雇権濫用法理が類推適用され、雇止めが客観的に合理的な理由を欠き、社会通念上相当であると認められないものであれば、その契約は更新されたものとみなされるということになるのです。なお、現在では、この雇止め法理の考え方は労働契約法19条に明文化されています。

これに対して、最近では契約の最初から更新回数を定めたり、雇止めをしようとする1回前の段階で契約書に「次回の更新は行わない」といった文言を入れることによって、労働者が合理的に「期待」をいだかないようにしようとする動きがあります。

4 有期契約労働者と整理解雇

ここまで述べてきたように、有期契約で雇用されている労働者であっても、一定の要件を満たして雇用継続に合理的な期待を有していると認められれば解雇権濫用法理が類推適用され、後は原則として通常の無期契約の労働者と同様に解雇に相当する雇止めが合理的な理由を欠き社会通念上相当と認められないものかどうかが判断されることになります。いわゆる普通解雇に相当する雇止めであればこれで話は終わりなのですが、整理解雇（本書⓭参

照)に相当するような雇止めの場面ではさらに難しい問題が残されています。

　ある有期労働者が解雇権濫用法理類推適用の対象者と判断されれば、その後は無期契約の労働者と同様の基準で雇止めの濫用性が判断されるようにも思われますが、判例は必ずしもそのようには考えていません。有期労働者の雇止めは正社員（無期労働者）の解雇よりも優先順位を高く設定することに合理性があるのではないか、また有期労働者の雇止めをしないままに正社員を解雇すれば解雇回避のための努力を怠ったということになるのではないかということです。先ほど紹介した日立メディコ事件最高裁判決は前半で雇止め法理を打ち出しましたが、同時に後半では正社員の解雇よりも有期労働者の雇止めを優先すること、また有期労働者に対する解雇回避のために希望退職募集を含む正社員の雇用調整を行わないことが許容されると判断しました。

　もちろん、厳格な審査や手続を経て採用され、職務内容も正社員のそれとほとんど変わらないような有期労働者であれば、（そもそもそのような労働者を有期契約で雇用することの是非はさておき）、正社員とまったく同様に取り扱うことが要請される場面も想定されますが、一般的には解雇権濫用法理が類推適用されるような有期労働者であっても、もともと終身雇用を前提として雇い入れられている正社員とは一定の区別があるといわざるをえないでしょう。

5　期間途中の解雇・辞職

　ここまでは、契約期間が満了し、労働者としては継続して働きたいが、使用者としては契約を更新したくないと考える場合に、その労働者がどのように取り扱われるのかをみてきました。次に期間途中に行われる解雇がどうなるのかをみていきましょう。

　無期雇用の場合、わが国には一般的に定年制[7]が定着していますからまったくの無制限とはいえないにしても、高校や大学を卒業してから定年の60歳や65歳まで働くことを考えれば相当な長期間にわたって契約関係が持続することになります。その間には経済情勢の変化もあるでしょうし、また労働者が

↪ 7　定　年
労働者が一定の年齢に達したときに労働契約が終了する制度をいいます。定められた年齢に達すると自動的に雇用関係が終了する形式のものが一般的であり、その点では期間の定めと近似した性質をもっているといえます。ただ、有期労働契約のような期間途中の解約に関する制約を受けない点などでは異なり、特殊な雇用終了事由であると考えられています。

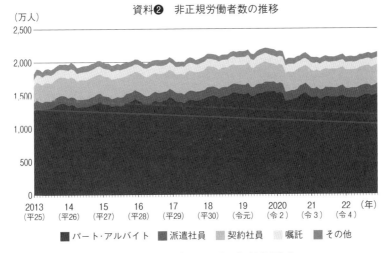

資料❷　非正規労働者数の推移

出典：総務省統計局「労働力調査　長期時系列データ」に基づき筆者作成

➡8 附則

法律は一般的に本則と附則から成り立っています。本則が、その法律がまさに定めようとしている事柄を定めるのに対して、附則は一般的に施行（実際に有効なものとして適用・運用を開始すること）の時期、経過規定（古い規定に従ってなされた行為をどのように取り扱うかなど）、関連法令の改廃といった付随的・事務処理的事項を定めています。ここで紹介した労基法附則137条は有期契約の中途解約に関する規定ですから、労働契約の中身を規制するものとして労契法や労基法の本則に規定されていてもおかしくありません。ではなぜ附則なのかといえば、137条は平成15年労基法改正法附則3条に基づく措置、すなわち有期契約の上限や紛争防止のための厚生労働大臣基準等について定める労基法14条を再検討して実施するよう求められている政府の措置が行われるまでの間の臨時的な規定だからです。ただ、2003（平15）年の本条制定以降、結局措置は行われておらず、137条が固定化した感があります。

その会社以外で働きたくなったり、人間関係のこじれからその会社にいづらくなったりと様々な理由で労働契約関係を解消する必要が生じることは使用者側・労働者側を問わずありうることです。しかし、契約の大原則として、一度締結された契約は当事者双方を拘束し、契約に定められた義務をすべて実行し尽くす（債務の履行）、どちらか一方が自らの義務を実行しないこと（債務不履行）によって契約の目的が達成できない他方当事者が契約を解除する、もしくは当事者双方が契約を解除することを合意するといった場合にしか契約はなくなりません。1回限りの売買契約などではこれで問題ないのですが、数十年にわたる契約関係である労働契約でこれでは困ってしまいます。相手方が同意してくれない限り、定年まで（定年がない会社であれば一生涯）働き続ける（雇い続ける）か、わざと働かない・給料を払わないという、ことさらに法秩序に挑戦するような行動に出て相手方が契約を解除してくれることを期待するしか契約の拘束から逃れられないのでは不合理です。そのため、期間の定めのない雇用契約（労働契約）については、労働者側からは2週間、使用者側からは30日前までに相手方に予告すればいつでも一方的に（合意によらずに）解約できることとされています（民法627条1項、労基法20条1項）。なお、使用者側からする労働契約解除が解雇であり、これには解雇権濫用法理による制約がかかるのでした。

これに対して、有期雇用の場合、その上限は最大でも5年であって、当事者は期間の経過を待ってさえいれば自動的に契約の拘束から免れることができます。そのため、契約の大原則に例外を作る必要性は無期雇用と比べて格段に低くなるわけです。ただそれでも数年に及ぶ有期契約の場合はいろいろと状況の変化も考えられるため、「やむを得ない事由」がある場合に限って一方的解除が認められています（民法628条、労働契約法17条1項）。このやむをえない事由は、解雇権濫用法理における「合理的な理由」や「社会通念上相当」よりも厳格な基準で、期間満了をどうしても待てないほどの理由がなければ認められません。

この章のはじめで、有期雇用の期間に上限設定があるのは労働者が過酷な労働環境から解放されやすくするためだけれども、今日ではそのような問題は減少していると書きました。それはそのとおりなのですが、それでもなお長期間にわたる雇用契約による拘束を労働者に及ぼすことは好ましくないという判断は続いています。そこで、一定の事業の完了に必要な期間（家を建てる等）の設定の場合を除き、1年を超える期間を設定した労働契約については契約締結から1年を経過した以後、労働者の側からはいつでも当該契約を解除できることとされています（**労基法附則137条**）。

6　有期雇用の無期転換

ここまでは、有期雇用の終了についてみてきましたが、有期労働者の立場の不安定さに鑑み、平成24年に改正された労働契約法18条で、有期雇用の無期転換が定められました。これにより、平成25年4月1日以降に締結されて、同一の使用者（会社）との間で1回以上更新された有期契約の通算期間が5年を超える労働者が、その有期契約が終わるまでの間に、会社に対して無期契約の申込みをした場合には、会社はその申込みを承諾したものとみなされることになりました。契約は当事者両方の合意が必要なわけですが、使

用者側については、実際の意思とは無関係に、有無を言わさず合意したことにされますから、これで無期雇用が成立します。

　平成25年3月以前にも更新があって長く勤めていたとしても、その期間は考慮されません。そのため、同年4月から5年が経過した平成30年4月からいよいよ無期転換される労働契約が発生し始めたことになります。なお、通算の契約期間には算入されない期間（クーリング期間）もありますので、これについては資料をみてください。

　また、論理構成についてはいくつかの考え方がありますが、5年に至る前に労働者が使用者との間で無期転換を要求しないと約束する、もしくはそのような権利を放棄すると宣言したとしても、効果はなく、要件を満たせば無期転換できるというのが通説的な考え方です。

　無期契約になれば、当然に解雇権濫用法理が適用されることになります。しかし、この規定によって変更されるのは、期間の定めについてだけで、他の部分については有期雇用の時のものが引き継がれます。いきなり正社員と同じになるわけではありません。また、使用者があらかじめ無期転換労働者の労働条件について就業規則などで定めていたり、無期転換に際して当事者間の合意がなされれば、それに従うことになります。最近の事例でも、無期転換に際して爾後適用されるべき就業規則の種類を当事者が確認していた事案で、裁判所は正社員就業規則等ではなく、その無期転換労働者就業規則が適用されることを認めています（ハマキョウレックス〔無期契約社員〕事件・大阪高判令3年7月9日）。

⓮のQ&A：
理解度チェック

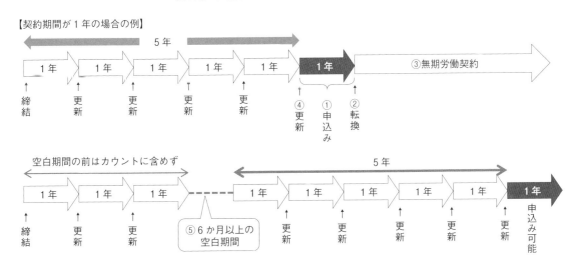

資料❸　無期転換となる場合の時系列的イメージ

出典：パンフレット「労働契約法改正のポイント」（厚生労働省・平成24年）より抜粋

15 失業したとき、どんな支えがあるの？

> **設例** 秋になっても就職内定がもらえない大学4年生のAさんは将来が不安です。そんなとき、サークルの先輩Bさんが入社して3年目に会社を辞めて、無職になったと聞きました。AさんはBさんが無職になったら、どうやって暮らしていくのかと心配し、そして就職したからといって安心できないなあと思いました。

1 雇用保険にアルバイトも加入できる？

わが国には労働者の失業というアクシデントに備えて雇用保険制度があります。Aさんは、Bさんが同制度からいくらかの現金を受け取り、当面の間、なんとか暮らしていくことができると聞いて安心しました。

社会保険の1つである雇用保険は雇用保険法という法律に基づいて運営されています。この雇用保険法は失業保険法の名前で1947年に始まりましたが、失業時の救済だけではなく、失業防止や雇用安定も目的とするため名称も含めて改正され、1974年に雇用保険法となりました（以下、雇保法）。

雇用保険の保険者は政府です。そして労働者を1人以上雇用するすべての事業に適用され、その事業所で働く労働者は、原則、当然に被保険者となります。つまり、使用者や労働者が面倒だからとか、保険料を払いたくないという理由で雇用保険に加入しない、ということは許されないのです。

> ■展開例1 Aさんの友人、Cさんは大学を退学し、コンビニでアルバイトをしています。親の援助もなく、コンビニで週30時間働いて、この2年6か月の間、生計を立ててきました。一方、Aさんのお母さんは週15時間、午前中だけのパート労働をしています。このようなアルバイト、パート労働者も雇用保険の適用対象となるのでしょうか？

1週間の所定労働時間が20時間以上で、31日以上、雇用される見込みのある者などが雇用保険の被保険者になります（雇保法6条）。このルールにより、アルバイトなど、いわゆる非正規労働者も雇用保険の被保険者になります。このルールを当てはめると、Cさんは被保険者となり、Aさんのお母さんは被保険者にはなりません。

近年、就業者の約4割が**非正規労働者**です。正規労働者に比べて低賃金で身分が不安定な非正規労働者が、他方で日本社会の経済活動を支えています。非正規労働者が失業して無収入になったとしても雇用保険の被保険者ならば保険給付を受け、貧困の危機を免れることが可能です。

ところで、従来、65歳以降に雇用された者は雇用保険の適用除外でした。しかし、近年、65歳以上の雇用者数、求職者数が増加していることから、

→1 社会保険
社会保険には医療、年金、雇用、労災および介護の5種類があります。傷病、老齢、障害、失業、労災、要介護状態など、みなが避けることのできない、あるいは遭遇する危険を等しく負っている事態に対する備えとなっています。社会保険の当事者は制度を運営する保険者と、その保険に加入する被保険者です。社会保険への加入は強制加入です。たとえば、日本に住所を有する者は誰もが医療保険の加入者です。これを国民皆保険と言います。

→2 非正規労働者
2024年2月現在、アルバイト、パートなど、いわゆる非正規労働者が全労働者に占める割合は37.1％になります（総務省「就業構造基本調査」）。
このQRコードを参照してください。

98　第Ⅳ部　仕事をやめる

2016年、雇保法を改正して、2017年1月1日からは、65歳以降に雇用された者についても雇用保険が適用されることになりました。

■展開例2　Aさんは大学入学以来、コンビニでアルバイトをしていますが、Aさんも雇用保険の被保険者になるのでしょうか？

雇保法6条5号は学生を雇用保険の適用除外と定めるので、Aさんは被保険者になりません。ただし、Aさんが働いているコンビニに卒業後就職することになっていたり、大学を休学しているときなどは被保険者となります（雇保法施行規則3条の2）。

2　雇用保険の仕組みはどうなっているの？

(1)　**雇用保険の保険料**　雇用保険の保険料は失業等給付、育児休業給付、および雇用保険二事業に使われます。前者2つのための保険料は事業主と労働者が半分ずつ支払います（「労働保険の保険料の徴収等に関する法律」〔以下、労保徴法〕31条）。これを労使折半といいます。ただし、保険料を納める義務は事業主が負っているので（同法15条）、事業主は自らの負担分と労働者負担分の保険料とを、まとめて保険者である政府へ支払わなければなりません。

そのため、事業主には労働者負担分の保険料を彼らへ渡す給料から、あらかじめ差し引くことが認められています（労保徴法32条）。これは、一般に天引き（あるいは源泉）徴収と呼ばれます。

保険料は賃金総額に保険料率をかけて算出されます。2024年現在、一般的な会社などは失業等給付と育児休業給付のために賃金に0.6％の保険料率をかけた保険料を労使がそれぞれ負担します。これに対し、農林水産業や建設業は失業リスクが一般的な会社に比べて高いことから労使に課せられる保険料率は0.7％です。

(2)　**雇用保険の保険給付**　集めた保険料を財源にして、様々な保険給付

➡ 3　**高齢労働者**
65歳以上の就業者数は2002年度には153万人でしたが、2022年には927万人まで増加しました。2022年の男性高齢者の就業率をみると、60〜64歳は83.9％（女性は62.7％）、65〜69歳は61.0％（同41.3％）、70〜74歳は41.8％（26.1％）です。高年齢になっても働いていることがわかります（内閣府『令和5年版高齢社会白書』）。日本の高齢者就業率は高く、日本の雇用事情の特徴の1つです（65歳以上の男女の就業率〔2021年〕について、日本が25.1％であるのに対し、アメリカ18.0％、イギリス10.3％、ドイツ7.4％です〔日本経済新聞「働く高齢者　21年に最多909万人　65〜69歳は2人に1人」2022年9月18日〕）。

高齢社会と雇用保険

日本の高齢化率（人口に占める65歳以上の人口の割合）は2022年9月現在29.1％、世界トップクラスです。平均寿命は男女ともに80歳を超え、人生50年であった1950年代から、70年間あまりの間に寿命が30年以上伸びました。

そして、➡3のように多くの高齢者が働いています。彼らが働く理由の1位は生計の維持のためです（ジョブズリサーチセンター「シニア層の就業実態・意識調査2023（個人編）」）。一方で、高齢者は若年者に比べて就職先をみつけることが容易ではありません。そのため、1人で複数の仕事を掛け持ちする高齢者がいます（このような労働者をマルチジョブホルダーといいます）。このとき、1つ1つの職場では本章1で述べた雇用保険被保険者の要件（＝1週間に20時間以上の労働時間）を満たさない場合があります。たとえば、2つの職場で、それぞれ1週間に15時間ずつ働くようなケースです。そこで、国は高齢者の就職が難しいこと、彼らの多くが収入を目的に働いていることなどを考慮して、どちらか1つを退職したときに高年齢求職者給付金を支給できるよう、2020年、雇用保険法を改正し、雇用保険マルチジョブホルダー制度を創設しました。

同制度は65歳以上の労働者が2つの事業所で働くとき、それぞれの労働時間を合算して週20時間以上になれば、雇用保険の被保険者とするものです。上記の例（それぞれで1週間15時間ずつ）は、合算すると週30時間となるので、被保険者になることができます。2022年から試験的に始め、5年後に制度について検証することになっています。

なお、65歳未満のマルチジョブホルダーには、この制度は適用されません。

➡️ 4　基本手当

　雇用保険で受給できる1日あたりの金額を基本手当日額といいます。基本手当日額は、原則、離職日前6か月の賃金（ボーナスは含まず）合計額を180で割って算出した金額の約50〜80％であり、賃金が低いほど高率係数を乗じるようになっています。

➡️ 5　マタニティハラスメント

　マタニティハラスメントの例には、たとえば、妊娠を報告したところ、退職を強要された、あるいは、産前休業の取得を上司に相談したところ、「休みをとるなら辞めてもらう」と言われた、などがあります。詳細は本書⓬参照。また、パワーハラスメント、職場のいじめについては本書❿参照。

が実施されています。このうち、失業した場合に最も頼りになる給付が**基本手当**[4]です。そこで、ここでは基本手当を中心に説明をします。

　雇用保険の被保険者が、失業して基本手当を受給しようとする場合には、一定期間以上の被保険者期間が必要です。そして、必要とされる期間は彼らが仕事をやめた理由や年齢で異なります。さらに、やめた理由で基本手当を受けることのできる日数も違います。

　受給条件や受給日数を左右する退職の理由は、自己都合と会社都合の2つに分類されます。自己都合退職とは、自分の意思で退職すること、会社都合退職とは会社の倒産や会社から解雇されたために退職することをいいます。当然のことながら、会社都合退職の場合には受給要件が緩和され、また給付日数も長いです。

　まず、自己都合退職の場合、基本手当受給要件として、離職の前2年間に被保険者期間が12か月以上必要です（雇保法13条1項）。そして、自己都合退職者に対する基本手当支給日数は**資料❶【2】**のとおりです。

　次に、会社都合による離職者を特定受給資格者といいます。特定受給資格者とは、①「倒産」等により離職した者（事業所の廃止により離職した者、あるい、事業所の移転により、通勤が困難になったため離職した者、等を含む）と、②「解雇」等により離職した者です。②の場合、解雇だけではなく、以下の理由によって離職した者も含まれます。

　すなわち、ア.実際の労働条件が労働契約を結ぶ時に聞いた労働条件とは、大きく異なっていた、イ.賃金の額の3分の1を超える額が給料日に支払われなかった、ウ.妊娠や出産を理由にいやがらせを受けた、エ.上司、同僚等からいじめを受けた、などです。

　上記ア、イは、いわゆるブラック企業でよく見られる状況です。また、ウは**マタニティハラスメント**[5]、エはパワーハラスメント、あるいは、職場のいじめと呼ばれる事態です。

　アからエまでの場合に、これらが辛くて仕事を辞めるとき、外形的には自分から退職を申し出た自己都合退職であっても、会社都合退職として扱うことにしています。なぜなら、労働者が進んで退職を決意したのではなく、退職を余儀なくされたと考えられるからです。

　会社都合退職の場合、基本手当の受給に必要な被保険者期間は離職前1年間に6か月以上です（雇保法13条2項）。また、給付日数も上述のとおり自己都合退職より優遇されています（**資料❶【1】**参照）。

　なお、高年齢被保険者が失業した場合、一般の被保険者の場合と異なり、一時金として高年齢求職者給付金が支給されます。支給額は被保険者であった期間に応じて、基本手当日額の30日分（被保険者期間が1年未満）、または、50日分（被保険者期間が1年以上）に相当する額となります。

■展開例3　期限付き雇用契約の労働者についても失業保障が充実したと聞いたのですが、どのようなものですか？

　非正規労働者の雇用契約は多くの場合、1年間、あるいは、3年間などと期間が定められています（以下、有期契約労働者）。「労働力調査（詳細集計）2022年（令和4年）」によると、有期契約を選んだ理由は「自分の都合の良い時間に働きたいから」が全年齢平均で33.5％と最多、次に家計の補助等を得

たいからが続きます (19.2％)。一方で、「正規の職員・従業員の仕事がないから」と回答したのは全年齢平均で10.3％ですが、年齢別にみると25～34歳では15.6％、55～64歳では12.1％を占めます。一般的に自分の都合のよい時間に働くことができるから有期契約を選んだように思われていますが、やむなく非正規労働者になる場合が少なくありません。

生活のために働いているのに、契約期間終了ですといわれて、仕事と収入を失うことは、本人にとって非常に大きなダメージです。そこで、契約期間終了に際し、もっと働きたいという希望がかなえられなかった労働者を特定理由退職者として、彼らには特定受給資格者と同じ条件で基本手当を支給します（資料❶【1】）。

(3) 手続　基本手当を受け取るための手続は、ハローワーク[6]（正式名称は公共職業安定所）で行います。

まず、離職者本人がハローワークに出かけ、求職の申込み手続をしなければなりません（雇保法15条2項）。基本手当は次の仕事を探す意思のある者を対象に、再就職するまでの間の所得保障であることから、受給者には当然に求職活動が要請されるのです。

次に、基本手当の支給に先立ち、ハローワークは、その失業者が資料❶【1】【2】のいずれに該当するかを、判断しなければなりません。そして、この判断のために、ハローワークは事業主へ離職証明書という書類の提出を課しています。この証明書には事業主が書く労働者の退職理由欄と、労働者がそれに同意する旨の署名欄があります。これにより両者の退職理由に食い違いがないことが確認できます。

2016年1月、マイナンバーの利用が始まりました[7]。その結果、事業主には雇用保険手続の届け出をする際（雇用保険被保険者資格取得届など）、労働者のマイナンバーを届け出ることが義務づけられました。同じく、離職者が基本手当等の支給申請をハローワークで行うときにもマイナンバーを届け出ることが義務づけられています。

→ 6　ハローワーク
仕事を探す人と、働く人を探す企業などの橋渡しをする重要な国の機関です。このような職業紹介のほかに、本章のテーマである雇用保険の手続や雇用対策を行っています。雇用対策とは、企業への指導や支援を通して、就職が困難な障害者、高齢者あるいは子育て中の女性の雇用機会を拡大することを目的とする事業です。

→ 7　マイナンバー制度
マイナンバー（個人番号）とは、国民一人ひとりが持つ12桁の番号のことです。マイナンバーに記録されるのは、氏名、住所、生年月日、個人番号などに限定されます。
上記の情報が記録された媒体がマイナンバーカードです。このカードは2016年1月から、本人の申請により交付され、個人番号を証明する書類や本人確認の際の公的な身分証明書として利用できます。くわしくは、総務省HPを参照。

資料❶　基本手当の所定給付日数

【1】特定受給資格者および特定理由離職者

区　分 \ 被保険者であった期間	1年未満	1年以上5年未満	5年以上10年未満	10年以上20年未満	20年以上
30歳未満	90日	90日	120日	180日	—
30歳以上35歳未満		120日	180日	210日	240日
35歳以上45歳未満		150日		240日	270日
45歳以上60歳未満		180日	240日	270日	330日
60歳以上65歳未満		150日	180日	210日	240日

【2】自己都合退職者

区　分 \ 被保険者であった期間	1年未満	1年以上5年未満	5年以上10年未満	10年以上20年未満	20年以上
全年齢	—	90日	90日	120日	150日

出典：「基本手当の所定給付日数」ハローワークインターネットサービス

3 使用者が保険料を納付していなかった！ こんなとき、どうする？

> ■展開例4 Cさんは自分も雇用保険の被保険者となることがわかりました。でも、この間、保険料が給料から1円も天引きされていないので、今やめても基本手当をもらえないだろうなと思っています。Cさんを助ける方法はないのでしょうか？

　雇用保険の加入および脱退の手続は、事業主の義務です（雇保法7条）。事業主が加入手続を怠ったせいで労働者が保険給付を得ることができないとなれば、失業した労働者にあまりに酷な結果です。そこで、このような状況に置かれた労働者を保護するための措置が用意されています。

　それは、労働者の雇用保険加入手続がされていない場合、当該労働者は2年を限度にさかのぼって被保険者期間を取得し、雇保法上の保護や支援を得ることができるというものです（雇保法14条2項2号、労保徴法41条）。

　Cさんが2年6か月前から継続して今のコンビニで働き、毎月、給料を受け取っていることは、店と交わした雇用契約書や給料明細票などから明らかです。Cさんを雇う社長は、すみやかにCさんについて雇用保険加入手続を履行し、過去2年間分の保険料を納付しなければなりません。これによってCさんは失業したときに、雇用保険の基本手当を受給できるようになります。

> ■展開例5 Aさんの叔父、Dさんが30年勤めた会社をやめました。失業後、ハローワークへ手続に行くと、勤め先がDさんの雇用保険加入手続をしていないことが判明しました。彼は毎月、給料から天引き徴収された雇用保険料はいったいどこへ消えたのだろう、という会社に裏切られた思いと、将来の不安で目の前が真っ暗になりました。何か救済策はないでしょうか？

　通常は、保険料を納付して被保険者資格を回復できる期間は2年が限度です（展開例4参照）。しかし、事例のように長期間、保険料と称して給料から金員を天引きされてきた労働者としては、2年間しか被保険者期間が与えられないのは納得しがたいことです。

　そこで、2010年法改正により、保険料が徴収された最も古い時期にまでさかのぼって、被保険者期間を計算できるようにしました（雇保法22条5項、労保徴法26条）。

　ふつう、労働者は勤める会社を信じて、自分が当然に雇用保険をはじめとする社会保険の被保険者になったと思っています。しかし、上述のような事例が起こるリスクは常に存在します。このリスクを回避するためには、雇保法8条などが定める**確認**が有効です。これを活用して、労働者が自ら、被保険者として届け出られているかを直接、確認することができます（コラム参照）。

⇒8 確認
　労使折半で保険料を支払う雇用保険、健康保険および厚生年金保険においては、被保険者または被保険者であった者は、いつでも厚生労働大臣に対して被保険者であることの確認をすることができます。

4 第2のセーフティネットとは？

　基本手当の受給資格がないとき、あるいは同手当の受給期間が終了しても、就職できないときは、どうしたらよいのでしょうか？

　このような場合、従来は蓄えがある場合はそれを取り崩して暮らし、蓄えがない場合や仕事が見つかる前に蓄えが尽きてしまったならば、制度上は最

後のセーフティネットと呼ばれる生活保護制度によって救済されるしかありませんでした。

しかし、この生活保護制度は、受ける側の心理的問題、生活保護法4条が定める補足性の原則の遵守など、使い勝手があまりよくないと指摘されてきました。

そこで、雇用保険と生活保護の間に、「第2のセーフティネット」と呼ばれる新しいネットをはり、すぐには生活保護に頼らずに暮らすことのできる仕組みを国が用意しました。それが2015年から始まった生活困窮者自立支援制度です（根拠法は同年制定された生活困窮者自立支援法）。この制度中、住宅確保給付金は家賃を補助する現金給付です。家賃は家計の中で大きな割合を占めます。同給付金はその負担を軽減するので、失業者の暮らしの安定に役立っています。

もう1つの「第2のセーフティネット」に、求職者支援法（2011年5月制定・同年10月1日施行）に基づく求職者支援制度があります。同制度の対象者は、雇用保険の受給終了者、受給資格要件を満たさなかった者、雇用保険の適用がなかった者、学卒未就職者、などです。彼らに無料で職業訓練を提供し、就職に必要なスキルを得ることができるよう支援します。職業訓練はITや介護福祉などを教える民間の専門学校で実施されます。

同時に、安心して受講できるように、一定の条件を満たす場合には（収入が8万円以下、等）、受講者に生活資金として職業訓練受講給付金（1か月、10万円）が支給されます。

第2のセーフティネットが雇用保険制度を補完し、再出発、再就職を支援する制度として機能する重要な制度であることがわかります。

➡9 生活保護制度
憲法25条は国民が健康で文化的な最低限の生活を営む権利、すなわち生存権を有すると定めます。これを具体的に実現する法律が生活保護法です。生活に困窮した場合に最低限度の生活が保障されるよう、生活保護法に基づき各種の現金・現物給付が行われます。

➡10 補足性の原則
「生活保護は、個人があらゆる手段を尽くしても、なお最低限度の生活に不足があるときに、その不足を補完する方法で実施される」ということを意味します。そのため、個人は自分の生活のために、まずは、自己の資産と労働能力を活用することが求められます。

➡11 求職者支援制度
訓練には社会人としての基礎的能力、および、短時間で習得できる技能等を付与する基礎コース訓練と、就職希望職種における職務遂行のための実践的な技能等を付与する実践コース訓練の2種類があります。

15のQ&A：理解度チェック

コラム　雇用保険の届出義務懈怠

事業主は労働者を採用後に速やかに、同人が雇用保険の被保険者となったことを厚生労働大臣に届け出る義務を負っています。事業主がこの義務を怠ったために雇用保険給付を受けることができなかったとして、元労働者が事業主を相手に損害賠償を求める訴訟が提起されています。

角兵衛寿し事件（大阪地判平元年8月22日）は、被保険者である労働者が被保険者資格について確認できることを前提に、原告がその確認を行えば、「被告が法定の手続を履践した場合と同額の基本手当を受給することは可能であるから、被告の本件不履行により、原告に基本手当相当額の損害が生じたとの主張は失当」として原告の請求を棄却しました。

その後、大阪地判平11年7月13日は、届出義務について「あくまでも公法上の義務であって、右が直ちに雇用契約において使用者が労働者に対して負担する義務であるとは解することができない」と判示しました。

これに対して、新潟地判平17年2月15日は「本来は……、雇用者である事業主が雇用保険被保険者資格取得届を管轄公共職業安定所長に提出する義務があるのであるから、原告に過失があったとしてもその過失割合は2割程度が相当である。」と述べ、上記2つの判決とは異なる判断を示しました。

大真実業事件（大阪地判平18年1月26日）は「雇用保険についても、使用者は、雇用契約の付随義務として、信義則上、雇用保険の被保険者資格の取得を届け出て、労働者が失業等給付等を受給できるよう配慮すべき義務を負うものと解するべきである。そして、使用者が、この義務に違反して、……取得を届け出ないとき……は、違法性を有し、債務不履行ないし不法行為を構成する」と判示しました。

学生アルバイトと社会保険

日本には、医療保険、年金保険、労災保険、雇用保険そして介護保険と5種類の社会保険があります。

ここでは、大学生や専門学校生が勉学の合間にアルバイトをしているという状況を前提に、労災保険、雇用保険、年金保険、医療保険という順番で検討していきましょう。なお介護保険は、40歳以上の人を被保険者とするので、年齢的に皆さんとは関係ありません。

● **労災保険**

学生にとって最も重要な社会保険は労災保険です。居酒屋でホールの仕事をしているときに酔客に殴られたとか、交通誘導のアルバイトをしているときに自動車にひかれたりしたなど使用者の指揮命令のもと労務を提供していた場合の負傷・疾病は業務災害と認定されます。重要なことは、アルバイトの学生であっても、正社員と同じように労災保険に基づく給付を受けることができることです。くわしくは本書⓫を参照してください。

● **雇用保険**

次に問題となるのは雇用保険ですが、学校基本法1条で定められる大学生や専門学校生については雇用保険法は適用されません（雇保法6条4号）。このため、1週間あたり所定労働時間20時間以上働いていたとしても、基本手当は支給されません。昼間学生といわれる者には失業という事態は発生しないと考えられているわけです。

● **国民年金**

第3は国民年金です。20歳以上60歳未満の日本国内に住所を有する者で、厚生年金保険の被保険者などの2号被保険者およびその配偶者である3号被保険者ではない者が1号被保険者となります。したがって20歳以上の学生はほとんどの場合、1号被保険者に該当します。とはいえ、「年金なんて先の話だし、僕たちの頃はもらえないかもしれない」と考えていませんか。

国民年金は老齢、障害、死亡を保険事故としています。これらのうち皆さんと密接にかかわるのは障害、死亡という保険事故です。交通事故により大きな障害が残った場合、障害基礎年金が支給されます。この年金が支給されるためには、一定の要件を満たしていることが必要です。特に、保険料納付要件が重要で、次のいずれかの条件を満たしていることが求められます。1つは、障害の原因となる事故が発生した月の前々月までの被保険者期間のうち保険料納付済期間（保険料免除期間を含む）が3分の2以上あることです。いま1つは、その事故が発生した月の前々月までの1年間に保険料の未納がないことです。保険料をきちんと納めていれば心配することはありません。しかし、アルバイトをしている学生とはいえ、月額1万6520円（令和5年度）の保険料を納めることは経済的に大きな負担となります。

● **学生納付特例制度**

このような負担を軽減するのが学生納付特例制度です。学生本人の所得が一定額以下であるとき、1年ごとの申請に基づき保険料の納付が猶予されます。この制度を利用した期間は、保険料納付済期間と同様に扱われます。したがって、思わぬ事故により重い障害が残ったとき、学生納付特例制度を利用していれば、障害基礎年金を受け取ることができます。ただし、この期間は老齢基礎年金の額を計算する期間には含まれません。このため、老齢基礎年金が減額されますが、特例制度を利用してから10年以内であれば保険料をさかのぼって納めることができます。これを追納といい、老齢基礎年金への影響を解消することができます。

このほか学生は利用できませんが、学生納付特例制度と同様の制度として、20歳以上50歳未満の人を対象とする保険料納付猶予制度や、経済的理由から保険料の納付が困難な場合、全額免除など4段階で保険料を免除する制度があります。

● **医療保険**

最後は、医療保険です。アルバイトをしている学生は、健康保険の被保険者となることはできません（健保法3条9項）。皆さんの生計を維持している人（多くの場合は、父か母）が所属している医療保険制度の被扶養者か国民健康保険の被保険者ということになります。

● **卒業後の適用関係**

それでは大学や専門学校を卒業して就職した場合、社会保険の適用関係はどうなるのでしょうか。民間企業に就職した場合、基本的には、医療保険は健康保険、年金保険については厚生年金保険、そして雇用保険の被保険者となります。これらの保険料については労働者も負担しなければならず、その額は給与明細書に記載されます。なお保険料を納付する義務は事業主が負います。

注意すべきは、パートタイマー・契約社員など非正社員の場合です。労働条件の内容により適用関係が異なるからです。従業員数や労働時間などいくつかの基準に基づき、健康保険・厚生年金保険が適用される場合と国民健康保険・国民年金が適用される場合とに分かれます（健保法3条、厚年法9条・12条）。健康保険・厚生年金保険の保険料は、労働者の賃金額をもとに、基本的には労働者と事業主が折半で負担し、事業主が保険者に納付する義務を負います。これに対して国民健康保険は労働者の所得等に基づいて、国民年金は定額の保険料を、労働者自身が負担・納付しなければなりません。雇用保険の被保険者は、①31日以上の雇用の見込みがあること、②1週間当たりの所定労働時間が20時間以上であること、という2つの要件を満たす者とされています。非正社員でも、これら2つの要件を満たしている場合には雇用保険の被保険者となります。

卒業の前後を問わず賃金明細書は、当該職場で就労した期間を明らかにするとともに、労働時間や賃金額などから、社会保険の適用関係を証明する材料となります。大切に保存してください。

第 V 部

職場のトラブルを解決する

16 労働組合って何なの？

> **設例** 大学生１年生のＡくんはカラオケ店でアルバイトしています。翌日の授業に差し支えるので、22時で帰りたいという希望を出しているのですが、店長は聞き入れてくれず、勝手に22時以降まで働くシフトを組まれたうえに、タイムカードだけは22時で押させられます。Ａくんがたまりかねて辞めると言ったら、辞められると新たな求人費用がかかるので、辞めるなら賠償しろと言われました。途方に暮れていたＡくんに先輩アルバイトのＢさんが、「ユニオンを作らないか」と声を掛けてきました。「ユニオン」って何だろう？

1 労働組合とは？

(1) 労働組合とは何か 「労働組合」とは、労働者が労働条件の改善のために一致団結した団体のことです。法律上は、「労働者が主体となって自主的に労働条件の維持改善その他経済的地位の向上を図ることを主たる目的として組織する団体又はその連合団体」と定義されます（労働組合法２条）。「組合」とか「労組（ろうそ）」とか呼ばれたりもします。

たまにニュースで「春闘」とか「スト」とかいうことばを目にしたことがあるかもしれませんが、こういったことを行っているのが労働組合です。

日本では、かつては50％以上の組織率がありましたが、2023年現在では、全労働者の17％程度になっています。

(2) 労働組合の形態・種類 現在、日本において主流の労働組合は、各会社ごとに組織される組合で、これを**企業別労働組合**といいます。

もっとも、最近では、企業ごとの枠にとらわれず、労働者１人でも加入できる「地域一般労組」あるいは「コミュニティ・ユニオン」と呼ばれる個人加盟の労働組合も増えています。会社から不当に賃金を切り下げられたり、解雇されたりしそうだけれど、周りに相談できる人がいない、という場合、個人加盟労働組合に加入することも１つの方法です。

また、最近では学生アルバイトがコミュニティ・ユニオンを結成して交渉することにより、労働条件を改善させるということも起きているようです。

2 組合活動は憲法で保障されているって本当？…憲法28条

(1) 憲法で保障されている組合の権利 憲法28条は、「勤労者の団結する権利及び団体交渉その他の団体行動をする権利は、これを保障する。」と規定しています。

この「勤労者の団結する権利」に基づいて、憲法上その結成する権利と運営する権利が保障されているのが労働組合なのです。

> **◆1 企業別労働組合、産業別労働組合**
> 日本では会社ごとに組織される企業別労働組合が多いのですが、ヨーロッパでは会社横断的に、鉄工業なら鉄工業全体、というような組合が多く、これを産業別労働組合といいます。

そして、労働組合は、「団体交渉その他の団体行動をする権利」を憲法28条によって保障されていることになります。

一般的にはここでいう「勤労者の団結する権利」のことを「団結権」、「団体交渉その他の団体行動をする権利」のことを「団体交渉権」および「団体行動権」と呼んでいます。

（2）**労働三権**　憲法28条が保障している「団結権」、「団体交渉権」、「団体行動権」をあわせて「労働三権」といったりします。

①団結権　団結権とは、労働組合を結成し、運営していく権利のことです。使用者が、労働組合の結成を禁止したり、結成された組合を解散させたりすることは団結権を侵害するものですから、許されません。

②団体交渉権　団体交渉権とは、労働組合が労働者の代表として会社と交渉する権利です。

団体交渉権は、労働組合が労働者の労働条件に関する交渉を行う重要な権利ですから、使用者が団体交渉の要求を正当な理由なしに拒絶することは団体交渉権の侵害となり許されません。[2]

③団体行動権　団体行動権とは、組合が団体として行動する権利のことです。団体としての行動の内容としては、主に、組合活動権と争議権の２つがあります。組合活動としては、各種会議、集会の開催や、ビラ・組合ニュースの発行・配布、Tシャツ、たすき等の着用などがあり、争議行為としては、ストライキ（スト）やサボタージュ（怠業）等があります。

（3）**組合活動は責任を問われない**　正当な組合活動については、刑事上も民事上も責任を問われません。たとえば、普段ならば業務妨害にあたるような行為であっても、それが正当な組合活動である限り、犯罪とはなりません（労働組合法１条２項、刑法35条）。[3]また、それについて損害賠償請求をされることもありません（労働組合法８条）。[4]

もっとも、組合活動と言いさえすれば何でも許されるわけではなく、あくまでも正当な組合活動であることが必要です。[5]

➡2　義務的団交事項
すべての事項について、会社が団体交渉義務を負っているわけではありません。労働者の労働条件その他の待遇に関する事項などの一定の事項に限られ、それを義務的団交事項といいます。

➡3　刑法35条、労働組合法1条2項
刑法35条は「法令又は正当な業務による行為は、罰しない。」と定め、労働組合法１条２項は、「刑法第35条の規定は、労働組合の団体交渉その他の行為であつて……正当なものについて適用があるものとする。」としています。

➡4　労働組合法8条
労働組合法８条は「使用者は、同盟罷業その他の争議行為であつて正当なものによつて損害を受けたことの故をもつて、労働組合又はその組合員に対し賠償を請求することができない。」と定めています。

➡5　正当な組合活動
労働組合法１条２項但書が「いかなる場合においても、暴力の行使は、労働組合の正当な行為と解釈されてはならない。」としているように、暴力行為は正当な組合活動とはなりません。

職場のトラブルを自分たちで解決する

労働組合は、労働条件改善のために集まった団体であり、団体交渉も職場全体の労働条件改善のために行われるのが基本ですが、個々の労働者の配転や解雇等の個別人事や個別権利問題も団体交渉で処理することがあり、会社側は、個別労働者の労働問題であっても、団体交渉を拒否することは許されないとされています。

自分や自分の周りの労働者が解雇されそうになった場合、弁護士に相談するのも１つの方法ですが、労働組合として動いて、団体交渉を申し込むことによる対応も可能です。

団体交渉によって話し合いを行っていくうちに、労使ともに問題点を把握し、ともに問題を乗り越える方策を考えることによって、一致点を見いだすこ

ともめずらしいことではありません。

また、労働者にとっては、同様の労働問題を団体交渉で取り扱うことにより、労働者の権利や義務についての認識が深まることにもつながります。団体交渉に参加することは、生の事例を通じて、個々の労働者が労働法を学習することにもなるのです。

さらに、団体交渉で話がまとまらない場合、労働委員会に対し、あっせんの手続を申し立てることもできます。あっせん手続とは、労働委員会の公益委員、労働者委員、使用者委員の３名が間に入って、労働組合と会社との間の交渉の仲介をする手続です。

このような方法によって、職場のトラブルを自分たちで解決することもできます。

組合が、労働条件の維持改善等を目的として組織された団体である以上、最低限その目的を実現するための行為である必要があります。また、その手段についても正当な手段であることが必要であり、暴力行為は許されません。

3 労働組合は何をするの？…組合結成、団体交渉、争議、労働協約締結

■展開例1　Bさんに誘われて近所の喫茶店についていったAくん。そこには同じく先輩アルバイトのCさんとDさんが待っていて、希望を無視して勝手にシフトを入れるのを止めてもらおう、深夜勤のときにタイムカードを押させられるのを何とかしよう、そのために団体交渉を申し入れようという話をしていました。アルバイトが何か言ったところで店長の方針が変わるものなのでしょうか。そもそも、団体交渉とは何でしょう？

（1）**組合結成**　労働者は、1人ではなかなか会社に対抗することはできません。会社は、経済的にも社会的にも1人の労働者よりも強い力をもっているうえに、労働者に対して、業務命令権を有するからです。極端な話、会社の言うことを聞く労働者だけ残して、会社の言うことを聞かない労働者を解雇することだって、（法的に有効かどうかはともかくとして）一応は可能です。

しかし、1人ひとりでは弱い労働者も、大勢集まれば会社に対抗することも可能となります。会社も、いくら言うことを聞かないからといって、社員全員をクビにするわけにはいきません。そんなことをしたら、会社が潰れてしまいます。

そこで、労働者は、労働組合を結成して、会社に対抗できる力を手にするのです。

（2）**団体交渉**　労働組合は、労働者の労働条件改善のために結成された団体ですから、当然、労働条件改善のために活動していくことになります。

その活動の基本は、会社との交渉です。会社に対して、労働条件をこうしてほしいとかこうしないでほしいとか要求をぶつけて、交渉をしていくことになります。

交渉にあたっても、労働組合の代表1人だけで交渉したのでは、なかなか対等に交渉できません。普段、上司として自分の上に立っている人と交渉のときだけ対等に、といっても無理な話です。

そこで、労働組合は交渉にあたっても、労働者1人ひとりではなく、団体として交渉をすることになります。

もちろん、交渉を行っても、労働者の要求が当然にすべて認められるわけではありません。しかし、交渉によって労働条件が改善することもあり、団体交渉を行うことが、労働者の労働条件改善のための手段だということができます。

Aくんの会社の社員たちも、団体交渉によって、勝手なシフト入れやタイムカードを切っての深夜勤を改善するという労働条件改善を目指すことになります。

（3）**争議**　団体交渉によって、会社側との交渉がまとまればよいのですが、労働者も会社側もお互いに譲歩せず、話し合いで交渉がまとまらない場合、労働組合は、実力行使として、争議行為を行うことができます。

争議行為とは、労働組合等が労働者の要求の実現を目的として行う集団行動のことであり、労働者の要求実現のための最後の手段です。代表的なもの

108　第Ⅴ部　職場のトラブルを解決する

としてはストライキ（スト。集団で労務を提供しないこと）があります。たとえ
ば、これまで通学に使っていた電車やバスがストライキを起こして学校に遅
刻した、なんて経験をしたことがある人もいるかもしれません。

そして、争議行為は、正当なものであれば、犯罪として刑罰を受けたり、
民事上の損害賠償請求をされたりすることはありません。

しかし、だからといってストライキばかり行って会社の業務を止めていた
のでは、お客さんとの関係で会社が信用を失ってしまい、会社の売上げが
減って、かえって労働者の利益を害することにもなります。争議行為が最後
の手段というのは、そういう意味です。

（4）**労働協約**　団体交渉や争議行為によって、労働組合と会社が労働条
件について合意した場合、その内容について労働協約を締結することができ
ます。

労働協約を締結した場合、組合員との個別の契約や就業規則によって、労
働協約よりも低い労働条件が定められていたとしても、それは無効となりま
す（労働組合法16条、労働契約法13条）。それくらい強い効力が労働協約にはあ
るのです（規範的効力）。

労働協約を締結するには、労働組合と会社が口約束で合意するだけではダ
メで、書面を作成したうえで、会社と労働組合の代表が署名することが必要
です（労働組合法14条）。

4　労働組合加入が義務の会社もあるの？

（1）**労働組合加入が義務づけられている会社**　労働組合が、労働条件に
ついて会社と対等に交渉するためには、できるだけ多くの社員を組合員とす
る必要があります。極端な例ですが、1人だけの組合では、「組合」と名がつ
くだけで、社員1人が文句を言っているのと事実上一緒になってしまい、労
働組合の意味がほとんどありません。

そこで、労働組合としてはできるだけ多くの社員を組合員としたいところ

➡ 6　**労働組合法16条**
労働組合法16条は「労働協約に定める労働条件その他の労働者の待遇に関する基準に違反する労働契約の部分は、無効とする。」としています。

➡ 7　**労働契約法13条**
労働契約法13条は「就業規則が法令又は労働協約に反する場合には、当該反する部分については、第7条、第10条及び前条の規定は、当該法令又は労働協約の適用を受ける労働者との間の労働契約については、適用しない。」と定めています。

➡ 8　**労働組合法14条**
労働組合法14条は「労働組合と使用者又はその団体との間の労働条件その他に関する労働協約は、書面に作成し、両当事者が署名し、又は記名押印することによつてその効力を生ずる。」としています。

コラム　個人加盟組合（コミュニティ・ユニオン）に加入する

日本においては、労働組合は、本文で述べたように、企業ごとに存在するのが通例です。労働者が、退職勧奨や職場いじめ等の問題にさらされた場合、当該企業の組合に相談し、動いてもらえればそれに越したことはありません。しかし、企業別の組合の場合、中には、会社全体の問題（賃金のベースアップ等）には熱心だけれども、個々の労働者の問題に対しては非協力的な組合も存在します。また、そもそも企業内に組合がない場合もあります。

そういった場合に、労働者の力になるのが個人加盟の労働組合（コミュニティ・ユニオン）です。地域ユニオン、青年ユニオン、女性ユニオン、パートユニオン等「ユニオン」とつく組合が多いです。

このような組合に相談に行けば、相談には乗ってくれるはずですので、相談を聞いたうえで、組合の説明に納得ができ、考えに共感ができれば、加入申込みをすればよいでしょう。所属している企業を問わずに、個人でも組合に加盟できるのが、こういった個人加盟組合の特徴です。そして、その個人加盟組合の名前で団体交渉申し入れを行い、組合の人たちと一緒に団体交渉による問題の解決を図ることになります。

もちろん、組合に加入すれば、組合費を支払う義務が生じますので、組合加入にあたっては、そのあたりを確認しておいたほうが、無難でしょう。

また、組合に加入する以上は、自分の問題が解決すればそれで終わりというのではなく、組合の一員として自分と同じような境遇の労働者のために活動することが期待されます。

です。その会社の全社員が労働組合員であれば理想的です。たとえば、入社の条件を労働組合に加入することとしたり、労働組合から脱退したら解雇するとすれば、全社員を労働組合員とすることが可能となります。

そして、世の中には、実際にそのような制度を導入している会社もあります。

(2) **ユニオン・ショップ**　ある会社において労働組合加入が義務づけられる制度のことを、「ユニオン・ショップ制度」といいます。

ユニオン・ショップ制度とは、使用者が労働協約において、自己の雇用する労働者のうち、労働組合に加入しない者および組合員ではなくなった者を解雇する義務を負う制度のことです。

そして、このユニオン・ショップ制度を定める労働協約のことを「ユニオン・ショップ協定」といいます。

会社に入ったとき、強制的に労働組合に加入させられたという経験がある方や、これからそういう経験をする方がいらっしゃるかもしれませんが、労働組合の力を強めるための方法なのです。

5　不当労働行為って何？…不当労働行為救済制度

> ■展開例2　ユニオンがシフトの決め方とタイムカードの押し方について団体交渉を申し込んだところ、「店長の俺が決めることだから」と団体交渉を拒否してきました。Bさんは「団体交渉を拒否するなんてありえない。」と怒っています。はたして会社は団体交渉を拒否できるのでしょうか？

(1) **不当労働行為とは**　労働組合は、労働組合が、労働条件の維持改善等を目的として組織されるものであるため、使用者によっては労働組合の存在や活動を嫌って、組合の壊滅や無力化を図ってくることもあります。

このような使用者の行為は、憲法28条で保障された労働組合の団結権や団体交渉権を侵害するものですので、法律はこのような行為を「不当労働行為」として禁止しています（労働組合法7条）。そして、不当労働行為に対しては、労働委員会による救済という特別の組合救済制度を設けています。

(2) **禁止される不当労働行為**　労働組合法7条は、禁止される不当労働行為を規定していますが、主に①不利益取扱い、②団体交渉拒否、③支配介入に分類されます。

①不利益取扱い　不利益取扱いとは、労働組合の組合員であること、労働組合への加入あるいは労働組合の結成、正当な組合活動をしたことを理由として組合や組合員を不利益に取り扱うことをいいます。このような行為は禁止されます。

具体的には、組合員のみを解雇したり配転したりすることや、賃金差別をすることなどが挙げられます。

②団体交渉拒否　労働組合が団体交渉を申し込んだ場合、会社側は正当な理由なくこれを拒否することは法律上許されません。

展開例の場合のBさんの会社も、団体交渉を拒否することは許されません。

団体交渉拒否とは、団体交渉を単純に拒否した場合だけでなく、形式的には団体交渉を行うけれども、誠実に交渉に応じなかった場合も含まれます。

③支配介入　支配介入とは、組合の結成や活動を妨げる一切の干渉行

➡9　**不誠実団交**
決まった結論を繰り返したり、担当者が「私にはわからない」を連発するような不誠実な団体交渉は、やはり不当労働行為にあたるとされます。形式的には団体交渉に応じているけれども、実質的には団体交渉拒否と同じだからです。

為をいいます。このような行為を行うことも、法律上禁止されています。具体的には、従業員に組合への不加入や脱退を促したり、会社にとって都合のよい別組合の結成を援助することなどが挙げられます。

組合員に対する不利益取扱や団体交渉拒否が、同時に組合の活動を妨げる支配介入にあたることもあります。

(3) **救済制度** 不当労働行為が行われた場合、各都道府県ごとに置かれる労働委員会に救済申立を行うことができます。

労働委員会は、主に労働組合関係の紛争の解決のために作られた組織で、学者や弁護士からなる公益委員、労働組合の役員等からなる労働者委員、大企業の労務担当者等からなる使用者委員の3名の委員が事件の解決にあたります。

そして、不当労働行為があったと認められた場合は、不利益取扱や支配介入を禁止したり、団体交渉に応じることを命じる救済命令というものが出されます。救済命令が出されて解決する場合は、使用者側の行ったこと（ある労働者の解雇撤回を求める団体交渉に応じなかったり、組合員の賃金を切り下げたりするなどの行為）が不当労働行為にあたるかどうかという認定がなされ、不当労働行為にあたるとされた場合、その行為がなかったのと同様の状態に回復することを命令されるのが原則です（先の例でいえば、団体交渉に応じることを命令したり、賃金切り下げがなかった場合賃金を支払うことを命令したりします）。これに対し、和解で解決する場合、より柔軟な解決が可能です（先の例でいえば、解雇そのものを撤回するという和解も可能です）。

すべての事件が救済命令が出されるところまで行くわけではなく、労働委員会の場で話し合うことによって、和解が成立して解決となることも決してめずらしいことではありません。

⓰のQ&A：
理解度チェック

資料❶　日本における労働組合の組織率

(単位：％)

	昭和24年（ピーク時）	平成元年	平成30年	令和元年	令和2年	令和3年	令和4年
労働組合の組織率	55.8	25.9	17.0	16.7	17.1	16.9	16.5

出典：厚生労働省発表「令和4年労働組合基礎調査の概況」

資料❷　団体別労働組合への加盟状況

(単位：％)

	連合	全労連	全労協	金属労協	インダストリオールJAF	交運労協	公務労協
全労働組合員数にしめる割合	68.4	4.8	0.8	20.0	4.3	5.8	10.4

注：複数の主要団体に加盟している労働組合員数は、それぞれ重複して集計している。
出典：厚生労働省発表「令和4年労働組合基礎調査の概況」

17 困ったときどこに相談すればいいの？

設例 Aさんの勤める会社は長引く不況のあおりで経営が悪化し、従業員は何年間もサービス残業を強いられています。今月で退職する同僚のBさんは、「辞めたら会社を訴えて、残業代を取り返してやるんだ！」と息巻いていますが、これからもこの会社に残るAさんは、そんなことを言い出せるわけもありません……。こんなとき、Aさんは誰に相談すればいいのでしょうか？

1　どうやって職場のトラブルは解決されるの？

　労働者個人と会社との間のトラブル（本章では「個別労働紛争」といいます）は、就業形態の変化や労働組合の組織率の低下、労働者の権利意識の高まり、問題の複雑化などの要因から、年々増え続けています（コラム参照）。そのような個別労働紛争の解決を担う主体は、大きく分けて3種類あります（問題解決にどの手続がふさわしいかは、**資料❸**も参考にしてください。なお、労働組合によるトラブル解決については、本書❻参照）。

　（1）**会社内での自主的解決**　不幸にも労働者と会社の間でトラブルが発生してしまった場合には、当事者間だけで問題を解決できるのが一番です。なぜなら、労働者と会社との関係は長期的に継続することが前提ですので、労働者の社内での立場や信頼関係などを考えれば、あまり事を荒立ててしまわず問題解決することがお互いにとって最も重要となるからです。

　そのため、会社との間でトラブルを抱えた労働者にとっては、まずは同僚や信頼できる上司、会社内外の労働組合（本書❻参照）などに相談するという解決方法があります。また、大会社であれば、会社が設置した**苦情処理制度**や**労使協議機関**を利用するという選択肢もあります。

　しかし、「会社に相談しても問題解決は期待できない」というのが普通の労働者の感覚でしょう。なにしろ会社は、問題解決の専門家ではないうえ、トラブルの相手方そのものだからです。さらに、先に述べた苦情処理制度等についての法規制も**努力義務規定**にとどまるため、必ずしも会社がそのような機関をもっているとは限りません。

　そのため、会社との間で自主的な問題解決ができなかった労働者は、おのずと社外の紛争解決機関に目を向けざるをえなくなります。

　（2）**裁判所以外の紛争処理機関**　そこで、2つめの解決主体として登場するのが「裁判所以外の紛争処理機関」です。紛争処理の担い手としては、都道府県労働局や労働委員会、労働基準監督署（以下、労基署）などの公的機関、弁護士などの専門家などがその主体となります。

　これらの機関の大きなメリットは、相談から問題解決までをノンストップ・ワンストップで進めてくれる点です。そのため、紛争解決までに要する

➡1　**苦情処理制度・労使協議機関**
　たとえば、均等法（正式名称は「雇用の分野における男女の均等な機会及び待遇の確保等に関する法律」）は、セクハラ等に関する相談に応じる体制の整備（11条〜11条の4）や苦情処理機関の設置（15条）を、また、派遣法（正式名称は「労働者派遣事業の適正な運営の確保及び派遣労働者の就業条件の整備等に関する法律」）は、派遣元・派遣先それぞれの会社の責任者が労働者の苦情を処理すること（36条3号・41条3号）を規定するなどしています。

➡2　**努力義務規定**
　違反しても何ら法的な制裁を受けない義務を定める規定のことをいいます。そのため、会社が➡1の機関等を設けようとしなかったとしても制裁を受けることはありません。

費用や期間、労力の面でのパフォーマンスにすぐれます。ただし、示された判断に強制力がないというデメリットもあります（くわしくは本章2参照）。

（3）**裁判所**　そして、最後に、「裁判所」で**強制力**のある判断を下してもらうという選択肢があります。裁判所による紛争処理が他の2つの手段と大きく異なるのは、法的な強制力をもった解決手段であるという点です。

「裁判所」というだけで、なんとなく大げさに感じてしまう人もいるでしょう。しかし、裁判所は、みなさんが想像するような通常の訴訟のほかにも、簡易・迅速に権利実現を図る手続を用意しています（くわしくは本章3参照）。

2　気軽に相談できるところはないの？…裁判所以外の紛争処理機関

（1）**個別労働紛争解決促進制度**　個別労働紛争の相談については、2001年に制定された「個別労働関係紛争解決促進法」が大きな意味をもちます。これ以前も、様々な機関が労働問題に関する相談・紛争解決窓口をもっていましたが、悩みを抱える労働者にしてみれば、逆にどこへ相談したらよいものかと途方に暮れる状態でした。そこで、国が新たな3つの制度を導入し、柔軟かつ円滑な紛争解決を援助することとしたのです（資料❶、❷参照）。

これらの制度の利用には費用がかからず、結論が出るまでの時間も短いことから、制度の導入以来広く利用されており、個別労働紛争の解決に大きな役割を果たしています（コラム①参照）。

① **相談・情報提供**　都道府県労働局や労基署等に設けられている「総合労働相談コーナー」では、あらゆる分野の労働相談や問合せを受け付けています。ここでは、相談内容に応じた法令や裁判例などの情報提供によって、法制度の無知や誤解に基づく紛争を未然に防いだり、すでに発生してしまった個別労働紛争の自主的な解決を手助けしてくれたりします。また、相談内容や当事者の要望に応じて、他の適切な紛争解決機関への橋渡しをしてくれます。これが「ワンストップサービス」と呼ばれるゆえんです。

② **助言・指導**　総合労働相談コーナーに寄せられた民事上の個別労働

→ **3　強制力**
裁判所が作成する判決・和解調書・調停調書などには、両当事者に対する法的な強制力があります。強制力とは、たとえば、書面の内容に当事者が拘束されたり（既判力）、当事者間の法律関係を変動させたり（形成力）といったことのみならず、書面の内容に当事者が従わない場合、強制執行ができる（執行力。特に金銭支払いのケースで、合意した内容に相手が応じない場合、相手の財産から強制的に回収する）といったものです。

→ **4　都道府県労働局**
労働基準法は、労働条件について最低の基準を定めており（13条）、その実効性を確保するため、全国に監督組織を設けています。そのうち、厚労省に直属する機関が各都道府県の労働局であり、各地の労基署等の上部組織となります。労災保険・雇用保険料の徴収のほか、労働相談や労働法違反の摘発などの業務も行っています。全国の総合労働相談コーナーの所在地は、右のQRコードからチェックしてみてください。

資料❶　個別労働紛争解決促進制度

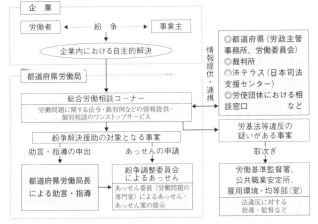

出典：厚生労働省パンフレットに基づき筆者作成

資料❷　個別労働関係紛争解決促進法のポイント

趣旨　企業組織の再編や人事労務管理の個別化などに伴い個別労働紛争が増加していることにかんがみ、紛争の実情に即した迅速かつ適正な解決を図るため、総合的な個別労働紛争解決システムの整備を図る。

概要
● 紛争の自主的解決（2条、本章1(1)参照）
● 労働局長による情報提供・相談等（3条、本章2(1)①参照）
● 労働局長による助言・指導（4条、本章2(1)②参照）
● 紛争調整委員会によるあっせん（本章2(1)③参照）
・紛争当事者からあっせんの申請があり、当該紛争の解決のために必要と認めるときは、紛争調整委員会があっせんを行う（5条）
・都道府県労働局に紛争調整委員会を置く（6条）
・あっせん委員は、当事者間をあっせんし、双方の主張の要点を確かめ、実情に即して事件が解決されるように努める（12条）
・あっせん委員は、当事者等から意見を聴取して、事件の解決に必要なあっせん案を作成して提示することができる（13条）
● 地方公共団体の施策等（20条、本章2(2)参照）

出典：厚生労働省報道発表資料に基づき筆者作成

紛争が、紛争解決援助の対象とすべきと判断された場合には、「助言・指導」か、「あっせん」が提案されます。このうち、助言・指導とは、労働局が事実関係の調査を行ったうえで、紛争の問題点を指摘したり解決の方向を示したりすることによって、労使の自主的な紛争解決につなげるものです。

③ **あっせん**　労働局に設置されている紛争調整委員会が、当事者から事情聴取を行って紛争を解決する手続です。総合労働相談コーナーにおいて紛争解決のために必要と判断した場合だけでなく、当事者が労働局にあっせん申請書を提出した場合にも、あっせん手続が利用できます。

このあっせん手続は、大学教授や弁護士等の労働問題の専門家3名があっせん委員となって両当事者の主張を聞き、さらに事実関係の調査を行うことにより、合意の形成を促したり、具体的なあっせん案を提示したりするというシステムです。あっせん委員は、双方の主張を調整するために、当事者に譲歩を打診したり、あっせん案などの具体的な解決方法を示したりしながら、両当事者が合意できるよう調整を図っていきます。

なお、両当事者があっせん手続に参加した場合には、6割以上が合意に至っています。相手方があっせん手続に参加しないほど強硬な姿勢でない場合には、かなり有効な紛争解決手段になるといえます。

(2) 労働委員会によるあっせん　そもそも、労働委員会とは、主に不当労働行為救済のために設置され、集団的労使紛争の処理を行っている機関です（本書❶❻参照）。労働関係調整法の規定に基づき、全都道府県の労働委員会が集団的労使紛争のあっせん制度を設けていますが、うち44道府県は個別労働紛争の相談窓口を併せ持っており、相談とあっせん申請を行うこともできます。

労働委員会によるあっせんは無料であり、労働局によるあっせんと手続の進行にそう大きな差異はありませんが、あっせん員が公益委員・労働者側委員・使用者側委員の3者で構成されるという特徴があります。

(3) 専門家による相談窓口　これら行政が運営する各制度のほかにも、紛争解決に至る道筋はあります。その1つが、弁護士や司法書士、社会保険労務士などの専門家に相談するという手段です。各士業の会はそれぞれ相談センターを設けており、個別の問題状況に沿った助言や、解決方法の提案をしてもらうことができます。

たとえば、各都道府県の弁護士会の「法律相談センター」では、労働問題を含むあらゆる法律相談を受け付けています（有料の場合あり）。また、弁護士が両当事者の間に立って問題を解決する「紛争解決センター」を設けている弁護士会もあります。これは、弁護士があっせん人・仲裁人となって、紛争を当事者間の話し合いで解決させようとする仕組みです。裁判よりもずっと手軽で柔軟な解決を目指す仕組みづくりが図られています。

そして、同様に各地の司法書士会や社会保険労務士会にも、法律相談の窓口が設けられています。認定を受けた司法書士は**簡易裁判所**での訴訟の代理人となれるため、少額の事件であれば相談からそのまま裁判による権利実現を図ることも可能となります。

(4) 強制力がない　これら(1)～(3)の制度には、相手方を話し合いのテーブルにつかせる強制力はありません。また、この話し合いを契機に労使が何らかの合意に至ったとしても、その合意には強制力がありません。そのた

➡5　あっせんの打切り
　あっせん委員が紛争解決できないと判断した場合には、手続は打ち切られます。あっせんの打切りの具体的な理由のうち、一方当事者が手続に参加しないことによる手続打切りの割合は4割を超えます。このあっせん手続には、相手方を強制的に参加させることができないため、会社側があっせん手続に応じない（参加しない）ケースが多くなるのです。

➡6　簡易裁判所
　訴額が140万円までの民事訴訟（➡10）であれば、簡易裁判所で争うことができます。設例にあるような未払残業代の請求などであれば、金額がこの範囲に収まることも多いでしょう。「簡易」ということばどおり、地方裁判所に提起するよりも簡単に訴訟を提起できる仕組みになっています。

114　第Ⅴ部　職場のトラブルを解決する

め、労使が決定的な対立に至っている場合には、これらの制度の利用だけで紛争を解決するのは難しいかもしれませんが、相手方がある程度冷静で、第三者のアドバイスを聞き入れる見込みがある場合には積極的に活用すべきです。また、解決しなかったとしても、次にあっせんや調停、訴訟などの手続を踏む足がかりとなります。

(5) **労働基準監督署**　労基署とは、労働条件の最低基準が守られているかどうかを監督する機関であり、労働者を違法な労働条件で働かせている会社に対し、その労働条件を是正させるのが主な役割です。いわば警察署が速度違反を取り締まるようなものであり、その意味では、厳密にいえば、労基署は労働者個人を救済するための機関ではありませんが、労働条件に関する個別労働紛争の解決にも重要な役割をもちます。

労基署による労働条件の改善は、まず労働者が事業場の違法な労働条件を労基署に申告するところから始まります（総合労働相談コーナーから取り次がれることもあります。資料❶参照）。労基署が申告を受けると、監督官は事業場の労働実態の確認を行います。具体的には、就業規則やタイムカード、賃金台帳などの客観的な資料を調べたり、事業主や管理監督者、一般の労働者から事情聴取したりして、労働実態を把握します。

この調査の結果、事業場の労働実態に労働基準法（以下、労基法）などの法令違反があると判明した場合には、監督官は「是正勧告」を行います。また、法令違反とまではいえないものの、労働実態として好ましくない状態だとわかった場合には「指導」が行われます。是正勧告や指導に際して交付される書面（是正勧告書・指導書）には、「この労働実態をこの期限までに改善しなさい」ということが書かれています。会社は、その是正・指導内容の改善に取り組んで、その結果を労基署に報告しなければならないため、その効果として、違法・不適当な労働実態が解消されるというわけです。

労基署に対する申告は、個別労働紛争そのものを直接解決する手段ではなく、また労基法等の法令違反があることが前提となるため、他の紛争解決手

個別労働紛争の件数は高止まり　①個別労働紛争解決制度

本章でみてきたように、様々な機関が個別労働紛争の解決にあたっていますが、個別労働紛争を統計の面からも読み解いてみましょう。

まず、2(1)の個別労働紛争解決制度です。厚労省によると、総合労働相談センターに寄せられる相談件数は16年連続で100万件を超え（右図の棒グラフ）、このうち、いわゆる民事上の個別労働相談の件数は約26万6000件でした（右図の折れ線グラフ）。相談内容としては、2011年度までは『解雇』が最多でしたが、労使関係の複雑化に伴って割合は徐々に低下し、2012年度以降は『いじめ・嫌がらせ』が解雇を抜いて最多となったほか、2016年度には『自己都合退職』も解雇を抜いて2位となるなど、寄せられる相談内容は変化しています。また、制度利用者の内訳についても、非正規労働者の増加に伴い、正社員による相談の割合は相対的に減少しています。

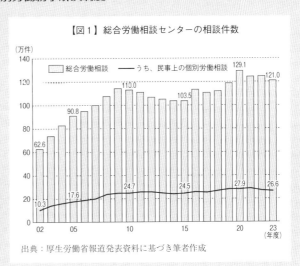

【図1】総合労働相談センターの相談件数

出典：厚生労働省報道発表資料に基づき筆者作成

⇒7 労働審判委員会
労働審判において調停や審判などの判断を下すメンバーであり、裁判官（1名）と民間から選ばれた労使関係の専門家（労使双方各1名）の計3名で構成されます。「民間出身の審判員がいるため常識的な判断が出やすい」ともいわれます（裁判官に対しては若干失礼な言い回しですが）。

⇒8 調停
労働審判の「調停」とは、民事訴訟の「和解」とほぼ同義で、話し合いによって合意を形成することを指します。
この点、同じ「調停」でも、裁判所には別途「民事調停」という手続がありますので、簡単に取り上げます。
民事調停とは、主に簡易裁判所が行う、民事紛争全般を話し合いで解決する手続です。個人でも簡単に申立てができ、裁判官1名と民間の調停委員2名が双方から事情を聞いて、言い分の調整や解決案の提示をすることで合意形成を促します。調停が成立すると、裁判上の和解と同様の強制力が生じます。
調停を申し立てられた側が調停期日に出頭しない場合もありますし（不出頭には5万円以下の過料の定めがありますが、実際の適用例は極めて稀です）、合意が成立しなかったからといって自動的に民事訴訟などに移行することもありません。ここは労働局などのあっせん手続に似ています。
民事調停は労働審判ほどの迅速性には欠けますが、双方が歩み寄れそうな事案では有効な手続です。現に東京などでは、労働の専門的知識を持つ委員による民事調停が活用されており、労働審判が拾いきれないニーズに今なお対応しています。

⇒9 労働審判の終局
2023年は、労使間で調停が成立したケースが69%、調停が成立せず労働審判を下されたケースが17%でした。その他、取下げ（裁判外の和解を含む）などにより事件が終了したケースもあります。

⇒10 民事訴訟
民事訴訟の当事者は双方とも個人または法人であり、争われるトラブルは主に財産関係や身分関係によるものとなります。検察官が犯罪の被疑者を訴えて、犯罪や刑罰について判断する「刑事訴訟」と対になる概念です。

段とは明らかに毛色が異なります。しかし、労基法違反はそれ自体が刑事罰の対象となりますし、会社にとって法令違反の事実を行政から指摘されること自体が大いなるプレッシャーになりますので、労基署による是正勧告・指導が労働者にメリットをもたらすことは間違いありません。

3 裁判所ではどんなことが行われているの？

冒頭でも述べたとおり、どうしても裁判所・裁判というと大げさなイメージをもちがちですが、裁判所にも様々な種類の手続が準備されています。いざ裁判所を利用する際に適切な手続を選択できるように、それぞれの手続の特徴を確認しましょう（資料❸参照）。

(1) 労働審判　みなさんが「裁判」と聞いて想像するであろう通常の民事訴訟の説明は後回しにして（本節(2)参照）、まずは裁判所が個別労働紛争の迅速な解決のために設けた「労働審判制度」について説明します。

労働審判制度は、個別労働紛争の迅速かつ柔軟な解決を図るために、2006年に導入されました。裁判官と労使双方の専門家で構成される**労働審判委員会**[7]が、まずは当事者間の合意形成を図り（調停）、**調停**[8]が成立しない場合には**労働審判**[9]を示すという仕組みになっています。当事者が納得する審判が得られなかった場合などには、通常の訴訟へと移行します。

労働審判では、原則として3回以内の期日で、調停成立か審判かどちらかの結論を出すこととなっており、長期化しがちな訴訟よりもずっと迅速な紛争解決が可能となります（平均審理期間は2か月半程度です）。

しかし、この「3回以内」というのは、労働審判による紛争解決にとって逆に大きなネックにもなります。たとえば、両当事者の言い分があまりに食い違っている場合は、3回の期日では合意に至ることが困難であり、結局は通常の訴訟へと移行してしまうことが多いのです。また、判断に長時間を要するような複雑な事案は、審理の時間が足りなさすぎて労働審判による解決はそもそも向きません（事案の性質上労働審判にそぐわないと判断されれば、申し立てた労働審判事件が通常の民事訴訟へ移行することもあります）。

(2) 民事訴訟　続いて、通常の訴訟について説明します。**民事訴訟**[10]とは、トラブルの当事者双方が、裁判所で自らの言い分を主張したり、その証拠を提出したりして、その結果に基づいて裁判官が当事者間の権利義務や法律関係についての判断を行う手続です。

個別労働紛争においては、不当な扱いを受けている労働者が原告となり、会社を相手取って訴訟を提起するのが一般的です。裁判の中で労働者は、会社による不当な取扱いの事実を主張・立証します。それに対して会社も、その取扱いには根拠や事情があるとか、そもそも不当に取り扱っていないとかということを反対に主張・立証し、最終的に裁判官が判決を下します。

繰り返し述べているとおり、裁判官の判断には、今までみてきたどの機関よりも強い強制力があります。そのため、裁判官には、当事者に十分な主張・立証を行わせたうえでの慎重な判断が要求されます。当事者の立場としても、このように慎重な訴訟活動を行うためには、弁護士の助力を受けざるをえません。こうして、訴訟には時間もお金もかかることになるのです。

さらに、労働者VS会社という対決姿勢が明確になるため、双方の人格を否定するような主張や発言がされることも少なくありません。そのため、お

互い主張立証を尽くし、**判決書**を手にしたときには、両者の間の心理的な溝は決定的なものになってしまいがちです。

このように考えれば、労働者にとって訴訟とは究極的な選択肢であり、あえてその選択肢をとるべき場面はある程度限られてくるものだといえます。たとえば、すでに労使間で激しい対立があり、話し合いで解決することが不可能な場合だとか、そもそも労使間で事実認識や法的見解に食い違いがあって、裁判官による詳細な事実認定や法的判断を必要とする場合、そして、重大な不利益が労働者にあって、ある程度の時間や費用を要してでも権利回復を実現させたい場合などが挙げられます。

(3) **民事保全** 民事訴訟は、訴訟提起から1審の判決までで約1年、控訴・上告するとなるとさらに時間がかかる手続です。とすると、たとえば解雇された労働者が会社を訴える場合、裁判が長期化すればするほど、訴えた側の生活は苦しくなってしまいます。いくら訴訟が最強の解決手段であるとしても、「解決までの生活のことを考えたら、訴訟で戦うより再就職したほうがいい」などということでは本末転倒ですよね。

そこで、裁判所は「**民事保全**」という制度を用意しています。民事保全とは、訴訟提起して権利を実現しようとする人のために、とにかく現状を維持・確保することを目的とする、いわば応急処置的な処分です。そのため、保全処分は緊急に行われますが、後に**本案**事件の判決が下されるまでの暫定的な処分でしかないという特徴があります。

個別労働紛争で典型的なのは、従業員としての地位を仮に定めるとともに、賃金の仮払いを命ずる仮処分を申し立てるケースです。保全命令は、訴えの対象となる権利が存在するらしいことだけでなく、その権利を緊急に確保しなければいけないほどの必要性があるかどうかが判断の基準となります。そのため、たいていの事件では賃金の仮払いだけが認められ、従業員としての**地位の保全**については認められないことが多いようです。

→11 **訴訟の終局**
提起された訴訟は、すべてが判決にまで至るわけではなく、訴訟の中で労使双方に妥協点が見いだされた場合には、裁判上の和解をして訴訟が終了することもあります。民事訴訟全体では和解よりも判決で終了する事件のほうが若干多いのですが、労働事件に関しては和解のほうが格段に多いという特徴があり、2023年の地裁では、労働事件の63%が和解で終了しています(判決は26%)。

→12 **本案と民事保全**
民事保全手続は、通常の民事訴訟によって争うべき権利関係について、さしあたり仮に決定しておく手続です。そのため、後に民事保全手続に対応する内容の民事訴訟(これを「本案」といいます)を提起しなければ、保全決定は取り消されてしまいます(民事保全法37条)。

→13 **地位保全**
従業員としての地位の保全が認められたとしても、制度上、労働者が会社に対して就労を強制させることはできません。また、保全の必要性の観点から考えれば、労働者が生活を送っていくためには、とりあえずお金が入ってきさえすればよいといえます。そのため、地位保全を認めないケースが多いのです(むろん例外もあります)。

⑰のQ&A：理解度チェック

個別労働紛争の件数は高止まり ②労働審判・労働関係民事訴訟

では、3の裁判所の手続はどうでしょうか。最高裁行政局によると、(1)の労働審判の件数は、2009年以降3000件台で推移しており、民事訴訟ではペイしなかった紛争を解決する制度としてすっかり定着しました。これに(2)の民事訴訟の件数を加えてみると、バブル崩壊後なだらかに右肩上がりで推移していた事件数が2006年の労働審判制度導入によって急増し、2009年頃の深刻な不況によって爆発的に増加した後は、年7000件前後で高止まりを示しています。

請求内容は、未払賃金・退職金等の金銭請求と、地位確認等の非金銭請求に分けられますが、民事訴訟の7〜8割を金銭請求が占めるのに対し(労働事件に限らず、民事訴訟全体でも同様の傾向です)、労働審判では金銭・非金銭の割合はほぼ半々となっています。

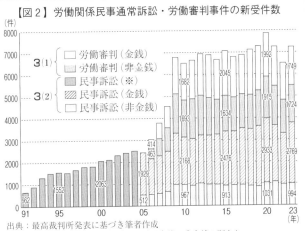

【図2】労働関係民事通常訴訟・労働審判事件の新受件数

出典：最高裁判所発表に基づき筆者作成
※2004年まで、民事訴訟の統計における金銭・非金銭の別なし

資料❸ 手続選択のフローチャート

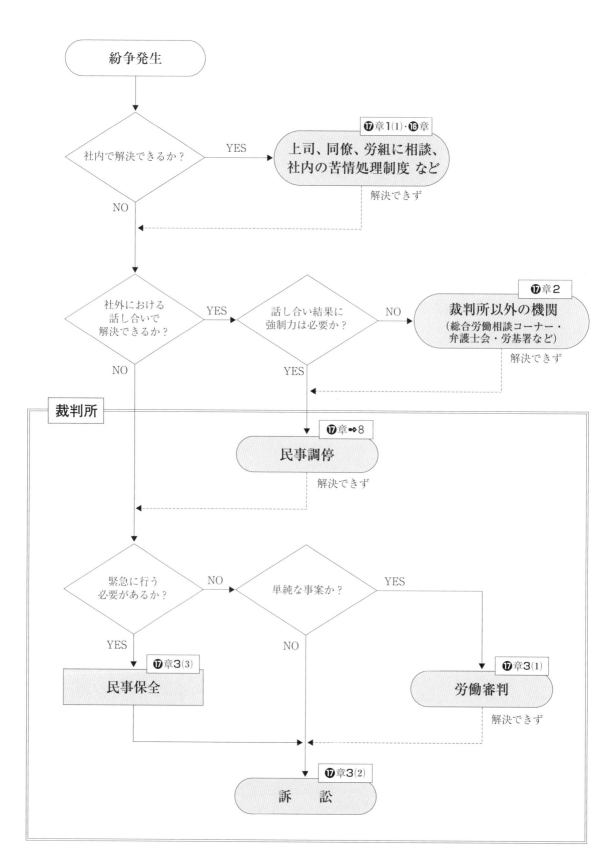

■**執筆者紹介**（執筆順、＊は編者）

＊ 道幸哲也（どうこう　てつなり）	北海道大学名誉教授		プロローグ
＊ 國武英生（くにたけ　ひでお）	小樽商科大学商学部教授		1、Ⅰ部コラム
迫田宏治（さこだ　こうじ）	弁護士（さこだ法律事務所）		2
松田朋彦（まつだ　ともひこ）	北海道大学法学研究科博士後期課程		3
開本英幸（ひらきもと　ひでゆき）	弁護士（開本法律事務所）		4
淺野高宏（あさの　たかひろ）	北海学園大学法学部教授、 弁護士（ユナイテッド・コモンズ法律事務所）		5、Ⅱ部コラム
大石　玄（おおいし　げん）	富山県立大学教養教育センター教授		6
山田　哲（やまだ　てつ）	東京農業大学非常勤講師		7
北岡大介（きたおか　だいすけ）	東洋大学法学部准教授、 特定社会保険労務士		8
平澤卓人（ひらさわ　たくと）	福岡大学法学部講師		9、Ⅲ部コラム
上田絵理（うえだ　えり）	弁護士（道央法律事務所）		10
＊ 加藤智章（かとう　ともゆき）	北星学園大学社会福祉学部教授		11、Ⅳ部コラム
所　浩代（ところ　ひろよ）	福岡大学法学部教授		12
斉藤善久（さいとう　よしひさ）	神戸大学大学院国際協力研究科准教授		13
戸谷義治（とや　よしはる）	琉球大学人文社会学部教授		14
片桐由喜（かたぎり　ゆき）	小樽商科大学商学部教授		15
中島　哲（なかじま　さとし）	弁護士（北海道合同法律事務所）		16
平賀律男（ひらが　りつお）	パラリーガル（開本法律事務所）		17

18歳から考えるワークルール〔第3版〕

2012年 8 月31日　初　版第 1 刷発行
2018年 1 月31日　第 2 版第 1 刷発行
2024年10月15日　第 3 版第 1 刷発行

編　者　道幸哲也・加藤智章
　　　　國武英生

発行者　畑　　光

発行所　株式会社 法律文化社

〒603-8053
京都市北区上賀茂岩ヶ垣内町71
電話 075(791)7131　FAX 075(721)8400
https://www.hou-bun.com/

印刷／製本：西濃印刷㈱
装幀：白沢　正
ISBN 978-4-589-04357-3

Ⓒ2024　T. Doko, T. Kato, H. Kunitake Printed in Japan

乱丁など不良本がありましたら、ご連絡下さい。送料小社負担にて
お取り替えいたします。
本書についてのご意見・ご感想は、小社ウェブサイト、トップページの
「読者カード」にてお聞かせ下さい。

〈出版者著作権管理機構　委託出版物〉
本書の無断複写は著作権法上での例外を除き禁じられています。複写される
場合は、そのつど事前に、出版者著作権管理機構（電話 03-5244-5088、
FAX 03-5244-5089、e-mail: info@jcopy.or.jp）の許諾を得て下さい。

〈18歳から〉シリーズ

学問の世界への第一歩 法律文化社

新入生を対象に、高校までの"勉強"とはひと味ちがう"学問"のおもしろさを感じてもらうための入門書シリーズです。18歳の目線で捉えた具体的な事象からひもとき、各科目の基礎となるエッセンスを解説しています。

＊B5判・カバー巻・100～120頁

18歳からはじめる憲法〔第2版〕	水島朝穂 著	2420円
18歳から考える人権〔第2版〕	宍戸常寿 編	2530円
18歳からはじめる民法〔第5版〕	潮見佳男・中田邦博・松岡久和 編	2420円
18歳から考える家族と法	二宮周平 著	2530円
18歳から考える消費者と法〔第2版〕	坂東俊矢・細川幸一 著	2420円
18歳からはじめる情報法〔第2版〕	米丸恒治 編	2530円
18歳からはじめる知的財産法	大石 玄・佐藤 豊 編	2530円
18歳から考えるワークルール〔第3版〕	道幸哲也・加藤智章・國武英生 編	2640円
18歳からはじめる環境法〔第2版〕	大塚 直 編	2530円
18歳から考える日本の政治〔第3版〕	五十嵐仁 著	2530円

本久洋一・小宮文人・淺野高宏 編
労 働 法 の 基 本〔第2版〕
A5判・318頁・2860円

法学部生を主軸に、学生全般が対象のワークルール入門にも対応した標準的テキスト。法制度の意義・要件・効果を解説し、重要判例も取り上げる。働き方改革関連法施行にともなう動向や新たな労働立法・裁判例を補訂。

河合 塁・奥貫妃文 編
リ ア ル 労 働 法
A5判・186頁・2310円

日々の労働現場で起こるリアルな出来事を題材に就活から退職までライフステージにそって労働者の権利を身につけることができる入門書。ネットゲームで知り合った若者を主人公にしたストーリー仕立てで楽しく学べる。

法律文化社

表示価格は消費税10％を含んだ価格です